"VAMOS CANTAR A DIVINA"
OS FESTEJOS DA SANTÍSSIMA TRINDADE EM MANAUS

Editora Appris Ltda.
1.ª Edição - Copyright© 2024 do autor
Direitos de Edição Reservados à Editora Appris Ltda.

Nenhuma parte desta obra poderá ser utilizada indevidamente, sem estar de acordo com a Lei nº 9.610/98. Se incorreções forem encontradas, serão de exclusiva responsabilidade de seus organizadores. Foi realizado o Depósito Legal na Fundação Biblioteca Nacional, de acordo com as Leis nᵒˢ 10.994, de 14/12/2004, e 12.192, de 14/01/2010.

Catalogação na Fonte
Elaborado por: Josefina A. S. Guedes
Bibliotecária CRB 9/870

F383v 2024	Ferreira, Gabriel "Vamos cantar a divina": os festejos da Santíssima Trindade em Manaus / Gabriel Ferreira. – 1. ed. – Curitiba: Appris, 2024. 156 p. ; 23 cm. – (Ciências sociais). Inclui referências. ISBN 978-65-250-5550-3 1. Festas religiosas – Manaus (AM). 2. Catolicismo. 3. Santíssima Trindade. I. Título. II. Série.
	CDD – 263.9

Livro de acordo com a normalização técnica da ABNT

Appris
editora

Editora e Livraria Appris Ltda.
Av. Manoel Ribas, 2265 – Mercês
Curitiba/PR – CEP: 80810-002
Tel. (41) 3156 - 4731
www.editoraappris.com.br

Printed in Brazil
Impresso no Brasil

Gabriel Ferreira

"VAMOS CANTAR A DIVINA"
OS FESTEJOS DA SANTÍSSIMA TRINDADE EM MANAUS

FICHA TÉCNICA

EDITORIAL Augusto V. de A. Coelho
Sara C. de Andrade Coelho

COMITÊ EDITORIAL Marli Caetano
Andréa Barbosa Gouveia - UFPR
Edmeire C. Pereira - UFPR
Iraneide da Silva - UFC
Jacques de Lima Ferreira - UP

SUPERVISOR DA PRODUÇÃO Renata Cristina Lopes Miccelli

PRODUÇÃO EDITORIAL Bruna Holmen

REVISÃO Ana Lúcia Wehr

DIAGRAMAÇÃO Renata Cristina Lopes Miccelli

CAPA Carlos Pereira

COMITÊ CIENTÍFICO DA COLEÇÃO CIÊNCIAS SOCIAIS

DIREÇÃO CIENTÍFICA **Fabiano Santos (UERJ-IESP)**

CONSULTORES Alícia Ferreira Gonçalves (UFPB)

Artur Perrusi (UFPB)

Carlos Xavier de Azevedo Netto (UFPB)

Charles Pessanha (UFRJ)

Flávio Munhoz Sofiati (UFG)

Elisandro Pires Frigo (UFPR-Palotina)

Gabriel Augusto Miranda Setti (UnB)

Helcimara de Souza Telles (UFMG)

Iraneide Soares da Silva (UFC-UFPI)

João Feres Junior (Uerj)

Jordão Horta Nunes (UFG)

José Henrique Artigas de Godoy (UFPB)

Josilene Pinheiro Mariz (UFCG)

Leticia Andrade (UEMS)

Luiz Gonzaga Teixeira (USP)

Marcelo Almeida Peloggio (UFC)

Maurício Novaes Souza (IF Sudeste-MG)

Michelle Sato Frigo (UFPR-Palotina)

Revalino Freitas (UFG)

Simone Wolff (UEL)

Dedico esta obra à minha família, que sempre acompanhou minha trajetória e busca pela realização de sonhos; à minha noiva, Ana Rosa Tenório, e sua mãe Maria Cleide Tenório, que contribuiu de maneira essencial para este trabalho. Com o apoio deles, pude chegar até aqui. E à Santíssima Trindade, à qual rendo toda honra e louvor.

Em nome do Pai, do Filho e do Espírito Santo, Amém.

PREFÁCIO

Em 2021, em plena pandemia e no modo virtual, tive oportunidade de conhecer Gabriel Ferreira Fragata, na condição de orientando de mestrado no Programa de Pós-Graduação em Sociedade e Cultura na Amazônia (Ufam). Nos primeiros meses de convivência acadêmica, nas orientações de pesquisa, mas também na disciplina "A cidade e o urbano", em estágio docência e no evento "Siscultura", promovido pelo PPGSCA, tivemos oportunidade para uma maior troca de ideias, mesmo que de forma não presencial. O primeiro contato presencial com meu novo orientando apenas ocorreu em meados de 2022. De fato, é inegável o quanto a experiência da pandemia fez-nos mudar vários padrões de comportamento, inclusive na vida acadêmica. Mesmo assim, procuramos dar continuidade aos trabalhos na Universidade Federal do Amazonas.

Desde os primeiros contatos e discussões sobre o tema da pesquisa de mestrado desenvolvida por Gabriel, "Devoção e festa na 'Santíssima Trindade' em Manaus", devo dizer que ficava surpreso e, ao mesmo tempo, apreensivo com as informações até então reunidas pelo orientando. E, mais ainda, tratava-se de uma manifestação cultural em que o próprio pesquisador participava de forma ativa, como devoto e membro dessa comunidade religiosa. Na verdade, apresentava envolvimento com o campo de pesquisa, embora necessitasse de certo "distanciamento", "desafio da proximidade", como bem lembrava o antropólogo Gilberto Velho (2003), para observar o fenômeno religioso que escolhera para estudo.

Quanto ao PPGSCA, sempre tive entendimento de que se caracterizava por um programa de formação multidisciplinar. No meu caso, como orientador, com formação nas áreas de História e Antropologia, poderia contribuir com o orientando, dentro do possível, com um olhar a partir dessas disciplinas. Ao mesmo tempo, Gabriel, com formação em Comunicação Social, estava disposto a aprender para além do que havia aprendido na graduação. E assim se deram as primeiras leituras e discussões que estabelecemos, a partir de teorias clássicas das Ciências Sociais, procurando entender o fenômeno religioso, o sentido antropológico de cultura, a importância da pesquisa etnográfica e outros temas mais.

Porém, ao longo dos primeiros meses, ainda não conseguia visualizar a amplitude do tema da pesquisa. Por um lado, perguntava-me sobre se tratar de um culto novo em Manaus, que havia sido "reinventado" (no sentido de Eric. J. Hobsbawn e Terence Ranger, 1984), na Barreira do Andirá, nas proximidades do médio rio Amazonas e do município de Parintins, estado do Amazonas. E qual foi a minha surpresa, quando Gabriel me apresentou algumas imagens das celebrações da "Santíssima Trindade", com destaque para o que se convencionou chamar de "relíquia", ou seja, uma Coroa do Divino Espírito Santo, com uma "pombinha" na extremidade superior, adornada com fitas multicoloridas. Foi quando percebi que se tratava de reminiscências associadas às festas do Divino Espírito Santo, cuja tradição remontava às ilhas dos Açores, em Portugal.

Nesses termos é que a pesquisa adquiriu um sentido especial, pois se tratava de passar em revista as características das festas do Divino Espírito Santo em Portugal, no Brasil e na Amazônia, celebradas à época de Pentecostes, e procurar entender as transformações promovidas em sua edição na Barreira do Andirá e depois em Manaus. Assim foi possível reconhecer elementos de permanência histórica, invariâncias da cultura, que se mantiveram nas celebrações e na sociabilidade festiva da Santíssima Trindade em Manaus. Mas, também, a incorporação de elementos locais, representando anseios, comportamentos sociais característicos daqueles que participam dessa manifestação religiosa na cidade.

Gabriel realizou uma densa etnografia, sobre diferentes aspectos das celebrações, desde os preparativos, passando pelos ritos e culminando na escolha dos novos dirigentes da festa para o ano seguinte. Soube muito bem fixar dados etnográficos que orientaram as suas investigações e análises. Conseguiu, com muita propriedade, exercitar um "olhar distanciado", que permitiu ver, como pesquisador, interpretar as sutilezas das observações etnográficas, mas sem perder de vista a sua condição de devoto e membro da congregação, o fato de tocar violão, participar dos cantos rituais, das novenas e outras atividades próprias da Santíssima Trindade. Por conta desse envolvimento, foi, inclusive, escolhido com festeiro para o ano de 2024, responsabilidade que assumiu com muita seriedade e compromisso social.

Há também que fazer referência ao significado das comemorações da Santíssima Trindade, para aqueles que organizam e participam dessas práticas culturais em Manaus. Muitas dessas pessoas moram no bairro Petrópolis, mas há também devotos que moram em outros bairros da cidade. Utilizam as próprias casas para os encontros religiosos e festivos, além da casa de Dona Maria Cleide Tenório dos Santos, principal dirigente, onde fica a relíquia da Santíssima Trindade. Os eventos ocorrem durante vários meses, que antecedem o ponto culminante das comemorações, que coincide com Pentecostes.

Para além da devoção, associada, muitas vezes, a problemas individuais, como doença, trabalho e outras situações, há a sociabilidade festiva, que contribui para aproximação e organização social das pessoas que participam das comemorações. Os devotos elaboraram, inclusive, um regimento próprio, com vistas a regular as condutas e atividades dispensadas à Santíssima Trindade, ao longo do ano.

Gabriel defendeu a sua dissertação de mestrado intitulada "Em nome do pai, do filho e do Espírito Santo – as manifestações da Santíssima Trindade em Manaus", junto ao Programa de Pós-Graduação em Sociedade e Cultura na Amazônia, em 31 de maio de 2023. Hoje, temos oportunidade de conhecer esse trabalho na forma de livro, que chega aos leitores em linguagem bastante acessível, não somente dedicada aos especialistas do meio acadêmico, mas também para as pessoas que tiverem interesse em ler sobre uma manifestação religiosa na cidade de Manaus, expressão contemporânea que nos ensina sobre o cristianismo e os significados culturais vivenciados por devotos na vida urbana da cidade.

Sem sombra de dúvidas, o livro de Gabriel é uma contribuição importante no campo das Ciências Humanas, um texto que permite ampliar a nossa visão sobre o fenômeno religioso e, mais ainda, um olhar a partir de Manaus, da Amazônia, sobre o imaginário religioso de pessoas que vivem e buscam na experiência social conexão ("re-ligação") com a Santíssima Trindade, com vistas ao aprimoramento de suas vidas, a uma incessante busca da felicidade, que passa pelo progresso material e espiritual.

Clifford Geertz já lembrava, no livro *Nova luz sobre a antropologia* (2001), que grande parte dos esforços das interpretações nas Ciências Humanas e, em especial, na Antropologia, estaria voltada para alargar a nossa visão acerca das coisas, das pessoas, com vistas a contemplar a diversidade e o respeito devotado às culturas humanas. Parabéns, Gabriel, por este belo trabalho. Desejo uma boa leitura a todos os interessados.

Manaus, setembro de 2023.

Sergio Ivan Gil Braga

Prof. Dr. da Universidade Federal do Amazonas

LISTA DE SIGLAS

UA – Universidade do Amazonas
Ufam – Universidade Federal do Amazonas
IBGE – Instituto Brasileiro de Geografia e Estatística
IDH – Índice de Desenvolvimento Humano
RCC – Renovação Carismática Católica
CNBB – Confederação Nacional dos Bispos do Brasil
CEBs – Comunidades Eclesiais de Base
Charis – Catholic Charismatic Renewal Internacional Service

SUMÁRIO

INTRODUÇÃO 17

CAPÍTULO I
A RELAÇÃO HISTÓRICA DO DIVINO COM A SANTÍSSIMA TRINDADE EM MANAUS 25

1. O DIVINO: GÊNESE E ADAPTAÇÕES 25

2. FESTA DO DIVINO NO BRASIL 28

3. A DIFUSÃO DA FESTA DO DIVINO NO BRASIL E A RELAÇÃO COM A MIGRAÇÃO AÇORIANA 30

4. EXPANSÃO PORTUGUESA NA AMAZÔNIA: MIGRAÇÃO AÇORIANA E O DIVINO 33

5. OS AÇORIANOS NA AMAZÔNIA 35

6. O DIVINO NO AMAZONAS 37

7. A CORRELAÇÃO DAS FOLIAS DO DIVINO E DA SANTÍSSIMA TRINDADE EM MANAUS 40

8. SINCRETISMO PRESENTE NOS FESTEJOS DA SANTÍSSIMA TRINDADE . . 46

CAPÍTULO II
O SENTIDO DA CRENÇA E DO RITO NAS EXPRESSÕES DE DEVOÇÃO DA SANTÍSSIMA TRINDADE: DA BARREIRA DO ANDIRÁ A MANAUS 55

1. AS EXPRESSÕES DE DEVOÇÃO POR MEIO DO RITO E DA CRENÇA NA SANTÍSSIMA TRINDADE 55

2. LADAINHA: O PRIMEIRO DOS RITOS DA SANTÍSSIMA TRINDADE 66

3. SANTO TRISÁGIO ANGÉLICO 73

4. AS FITAS, OS CONTINENTES E OS MILAGRES DA SANTÍSSIMA TRINDADE . . 81

5. FOLIA DA SANTÍSSIMA TRINDADE EM MANAUS 89

6. DOMINGO FESTIVO: O DIA DA SANTÍSSIMA TRINDADE 97

7. O FESTEIRO E O JUIZ DO MASTRO 99

8. ESCOLHA DO TEMA DA FESTA E INSPIRAÇÕES: A ESCUTA DA SANTÍSSIMA TRINDADE 103

CAPÍTULO III
**OS FESTEJOS DA SANTÍSSIMA TRINDADE E AS RELAÇÕES
COM A VIDA URBANA NA CIDADE DE MANAUS** 107

1. O DIVINO E A SANTÍSSIMA TRINDADE COMO UMA FESTA BARROCA... 107

2. A CIDADE DE MANAUS 114

3. AS MUDANÇAS NO MODO DE VIDA URBANO 118

4. A EXPERIÊNCIA URBANA E AS PRÁTICAS SIGNIFICATIVAS
DA SANTÍSSIMA TRINDADE NA CIDADE. 119

5. A SOCIABILIDADE E O ESPAÇO URBANO FESTIVO 125

6. A COMUNIDADE CATÓLICA SANTÍSSIMA TRINDADE
E A RENOVAÇÃO CARISMÁTICA 128

7. OS VÍNCULOS NA COMUNIDADE CATÓLICA SANTÍSSIMA TRINDADE ...132

8. OS COSTUMES E A BUSCA DO PERTENCIMENTO
DOS DEVOTOS DA SANTÍSSIMA TRINDADE AO ESPAÇO URBANO 143

CONSIDERAÇÕES FINAIS 145

REFERÊNCIAS 149

INTRODUÇÃO

O início dos festejos da Santíssima Trindade no Amazonas data, aproximadamente, o início do século XX, no distrito Barreira do Andirá, situado nas proximidades do município de Barreirinha, distante a 330 quilômetros em linha reta de Manaus.

A referência da Barreira do Andirá é Barreirinha, que surgiu em meados dos anos de 1830, oriunda de um povoado, núcleo, por sua vez, da Missão do Andirá, criada em 1848 pelo capuchinho Pedro de Cariana. A elevação à categoria de cidade com a denominação de Barreirinha ocorreu pela Lei Estadual n.º 68, de 31 de março de 1938.

De acordo com os dados do Instituto Brasileiro de Geografia e Estatística (IBGE, 2017), o município da região do Baixo Amazonas tem população estimada em 32.483 pessoas. Na economia, o PIB de 2018 revelou a renda per capita de R$ 8.192,42, com o total de receitas de R$ 73.856,54. O Índice de Desenvolvimento Humano (IDH) do município, divulgado em 2010, aponta 0,574. A atividade econômica é voltada ao setor primário, com agricultura, pecuária e pesca.

A partir desse breve histórico local e de algumas informações geográficas do município, apresento a minha relação de pesquisador com objeto de estudo, pois, no ano de 2016, participei, pela primeira vez dos festejos da Santíssima Trindade, em Manaus. Esse foi o primeiro contato com a devoção, que viria a se tornar parte da minha vida. As primeiras impressões, acompanhando de perto como ocorriam as manifestações e a expressão dos devotos participantes, convivendo naquele espaço, instigaram-me também a fazer parte. Em 2018, ao mudar de forma definitiva para Manaus, encontrei meu lugar no Ministério de Música da Santíssima Trindade e, assim de fato, iniciei minha caminhada como devoto participante, ajudando nos festejos da Santíssima Trindade. No entanto, muito além da devoção ao Santo, passei a me perguntar, nos últimos anos, como todo aquele processo iniciou e como se desenvolve. As observações sobre transformações ocorridas ao longo de todos os anos de festa em Manaus também despertaram meu interesse para pesquisar esse festejo.

As reuniões de oração, como novenas em honra sobre essa manifestação religiosa, também me fizeram ter vontade de conhecer cada vez mais a Santíssima Trindade, a reza do Santo Triságio Angélico e da ladainha, que foram meus primeiros contatos de como a devoção à Santíssima Trindade era demonstrada pelos devotos.

Para compreender essa relação de devoto, sobretudo pesquisador, com o tema de estudo, o método utilizado foi a etnografia. A princípio, Erickson (1986, p. 123) se refere a essa metodologia como proveniente no início do século XX, por meio dos relatos redigidos por intelectuais europeus, em descrições completas e detalhadas da vida cotidiana dos povos estrangeiros e colonizados.

Baztán (1995, p. 3) define a etnografia como estudo descritivo da cultura de uma comunidade, ou de algum dos seus aspectos fundamentais, por meio da perspectiva de compreensão global dessa.

Outro ponto importante para a utilização da etnografia na pesquisa é com base no conceito apresentado por Mattos (2011, p. 4), em que o respectivo método "compreende o estudo, pela observação direta e por um período, das formas costumeiras de viver de um grupo particular de pessoas". Mattos (2011, p. 53) define a etnografia como:

> [...] a especialidade da antropologia, que tem por fim o estudo e a descrição dos povos, sua língua, raça, religião, e manifestações materiais de suas atividades, é parte ou disciplina integrante da etnologia, é a forma de descrição da cultura material de um determinado povo.

Ainda sobre a abordagem da etnografia, chegamos a uma das mais difundidas entre os pesquisadores, sobretudo antropólogos, a "descrição densa" apresentada por Clifford Geertz (2008, p. 7), na obra *A Interpretação das Culturas*, como construir uma leitura de

> [...] um manuscrito estranho, desbotado, cheio de elipses, incoerências, emendas suspeitas e comentários tendenciosos, escrito não com os sinais convencionais do som, mas com exemplos transitórios de comportamento modelado.

Por meio desse método, foi seguida uma abordagem qualitativa, observacional, para o desenvolvimento da obra, utilizando de instrumentos de coletas mediante conversas informais com base em um roteiro de questões semiestruturadas, realizadas a partir de janeiro de 2022.

As conversas foram gravadas no celular por um aplicativo de gravador de voz, com os devotos participantes dos festejos, que puderam relatar as suas histórias de devoção e experiências com a Santíssima Trindade, principalmente em Manaus. Em média, o número de participantes dos festejos é de, aproximadamente, 200 pessoas.

Clifford Geertz (2008, p. 14) ressalta o papel do etnógrafo no momento que ele anota o discurso social. Para tal,

> [...] ao fazê-lo, ele o transforma de acontecimentos passados, que existem apenas em seu próprio momento de ocorrência, em um relato, que existe em sua inscrição e que pode ser consultado novamente (GEERTZ, 2008, p. 14).

Na etnografia, método utilizado para o desenvolvimento desta pesquisa, Geertz (2008, p. 15) elenca três características da descrição etnográfica: "ela é interpretativa; o que ela interpreta é o fluxo do discurso social e a interpretação envolvida consiste em tentar salvar o 'dito' num tal discurso da sua possibilidade de extinguir-se e fixá-lo em formas pesquisáveis".

Outra definição de etnografia é que se trata de um método de "inserção do observador no grupo observado, o que permite uma análise global e intensiva do objeto de estudo" (ALMEIDA; PINTO, 1975, p. 97).

Caria (2002, p. 12) alude que:

> [...] a etnografia supõe um período prolongado de permanência no terreno, cuja vivência é materializada no diário de campo, e em que o instrumento principal de recolha de dados é a própria pessoa do investigador, através de um procedimento geralmente designado por observação participante.

Além disso, para Segovia Herrera (1988), a etnografia tem a finalidade de desvendar a realidade por meio de uma perspectiva cultural. Segovia Herrera (1988) também aponta que o método etnográfico descreve uma cultura particular que possibilita a descoberta de domínios de conhecimentos e interpreta o comportamento dos elementos culturais em relação a determinados aspectos da sociedade.

Leininger (1985, p. 35) define etnografia como um processo sistemático de observar, detalhar, descrever, documentar e analisar o estilo de vida ou os padrões específicos de uma cultura, ou subcultura, para apreender o seu modo de viver no seu ambiente natural. O método etnográfico, portanto, apresenta uma forte relação com a cultura.

De acordo com Bernardi (1974, p. 50), são quatro os fatores essenciais da cultura:

> [...] o anthropos, ou seja, o homem na sua realidade individual e pessoal; o ethnos, comunidade ou povo entendido como associação estruturada de indivíduos; o oikos, o ambiente natural e cósmico dentro do qual o homem se encontra a

atuar; o chronos, o tempo, condição ao longo do qual, em continuidade de sucessão, se desenvolve a atividade humana.

Edward B. Tylor (2014), um dos pioneiros da antropologia clássica, já chamara à atenção para o conceito de cultura ou civilização, como todo aquele complexo que inclui conhecimentos, crenças, arte, moral, leis, costumes e quaisquer outras capacidades e hábitos adquiridos pelo homem na condição de membro da sociedade. Nesse processo de herança e aprendizagem na construção do homem, o autor destaca que ninguém negará que causas definidas e naturais de fato determinam, em grande medida, a ação humana.

Diante disso, há a distribuição de cultura em diferentes países, ou lugares, com uma difusão em cada espaço. Dessa forma, Tylor (2014, p. 36) argumenta que a melhor possibilidade de estudo sistemático da civilização está vinculada ao consenso que induz populações inteiras a se unirem no uso da mesma língua, seguirem a mesma religião e as mesmas leis.

Conforme Tylor (2014), o ser humano percebe pouco o fato de uma nação inteira usar vestimentas, ferramentas, leis, doutrinas morais e religiosas por viver esse processo todos os dias na sociedade. Sobre ser moldado socialmente, afirma que as artes, as ideias e os costumes são de ações combinadas de muitos indivíduos que chegam de maneiras distintas a cada ser humano.

Roque Laraia (1986), na obra *Cultura, um conceito antropológico*, afirma que a definição de cultura enfatiza o caráter de aprendizado da cultura em oposição à ideia de aquisição inata. De acordo com o autor, isso aponta para o fato de que o ser humano desenvolve qualquer tipo de conhecimento adquirido a partir das relações estabelecidas em uma sociedade. Portanto, em alusão a Tylor, diz e reitera que a cultura consiste em todo o comportamento aprendido (LARAIA, 1986).

Laraia (1986) diz que o ser humano é o único ser possuidor de cultura. Ou seja, o ponto apresentado é que apenas a pessoa inserida na sociedade pode evoluir intelectualmente, sobretudo com aprendizado a partir das relações socioculturais construídas em contato com outros. Dessa forma, entende-se também a diferença entre o ser humano e os demais animais: a possibilidade de comunicação oral e a capacidade de fabricação de instrumentos, capazes de tornar mais eficiente o seu aparato biológico (LARAIA, 1986).

Sobre as teorias modernas de cultura, Laraia (1986, p. 59) apresenta que:

> Culturas são sistemas (de padrões de comportamento social-
> mente transmitidos) que servem para adaptar as comunidades
> humanas aos seus embasamentos biológicos. Esse modo de
> vida das comunidades inclui tecnologias e modos de organiza-
> ção econômica, a padrões de estabelecimento, de agrupamento
> social e organização política, crenças e práticas religiosas, e
> assim por diante.

Outra abordagem está ligada à cultura como sistemas estruturais, que, na perspectiva de Claude Lévi-Strauss (1976 *apud* LARAIA, 1986), define cultura como um sistema simbólico, que é uma criação acumulativa da mente humana. Por ser uma herança passada de geração a geração, e mesmo com adaptação, sobretudo em Manaus, as pessoas que estão ligadas à Santíssima Trindade fazem parte de um processo de aprendizagem e ressignificação da devoção, assim como outros que chegam posteriormente para participar das manifestações. Então, pode ser considerado também como um comportamento aprendido, como cita Laraia (1986).

Roque Laraia (1986) define que a concepção da religião na cultura é adquirida pelo homem quando recebeu do criador uma alma imortal. Explica que isso ocorre quando a divindade considerou que o corpo do ser humano tinha evoluído organicamente, o suficiente para se tornar digno de uma alma.

Partindo do pressuposto sobre sistema religioso, Durkheim (1996) apresenta duas condições: em primeiro lugar, que se encontre em sociedades cuja organização não é ultrapassada por nenhuma outra em simplicidade; é preciso, além disso, que seja possível explicá-lo sem fazer intervir nenhum elemento tomado de uma religião anterior.

Além disso, Durkheim (1996, p. VII) também apresenta questionamentos que "debaixo do símbolo, é preciso saber atingir a realidade que ele figura e lhe dá a sua significação verdadeira". Por isso, "os ritos mais bárbaros ou mais extravagantes, os mitos mais estranhos traduzem alguma necessidade humana, algum aspecto de vida, seja individual ou social" (DURKHEIM, 1996, p. VII).

Conforme Durkheim (1996), não há religiões falsas, pois todas são verdadeiras a seu modo. Portanto, todas correspondem, ainda que de maneiras diferentes, a condições dadas da experiência humana.

Durkheim (1996) afirma que toda religião tem um lado pelo que vai além do círculo das ideias religiosas. No âmbito das representações religiosas, como a própria manifestação da Santíssima Trindade por meio dos ritos seguidos por uma comunidade de indivíduos católicos, Durkheim

(1996) aponta que essas são representações coletivas que exprimem as realidades coletivas. Ou seja, os ritos são maneiras de agir que só surgem no interior de grupos coordenados e se destinam a suscitar, manter ou refazer alguns estados mentais desses grupos.

Para Durkheim (2015, p. 45), "a vida coletiva, embora residindo no substrato coletivo, pelo qual se liga o resto do mundo, nele não vive de modo a ser por ele absorvida".

Sob esse ponto de vista, Durkheim (2015, p. 45) faz uma crítica à forma como as condições materiais determinam as práticas coletivas, dizendo que essa vegetação luxuriante, de mitos e lendas, todos esses sistemas teogônicos, cosmológicos, que o pensamento religioso construiu, não se ligam diretamente a particularidades determinadas da morfologia social.

A partir disso, Durkheim (2015, p. 45) define que:

> É essa a causa de que se tenha frequentemente desconhecido o caráter social da religião: imaginou-se que se formava em grande parte sob a influência de causas extras-sociológicas, porque não se via vínculo imediato entre a maior parte das crenças religiosas e a organização das sociedades.

Ao tratar de religião, Durkheim (1996) diz que a sociedade é uma realidade *sui generis*. Ou seja, tem suas características próprias que não se encontram, ou que não se encontram da mesma forma, no resto do universo. O indivíduo pertencente à sociedade é um ser único, pela sua construção social, principalmente por sempre estar em um meio religioso. Por isso, Durkheim (1996) define que essas representações coletivas do ser exprimem um conteúdo completamente distinto das representações puramente individuais.

A partir disso, Durkheim (1996) explica que as representações coletivas são o produto de uma imensa cooperação que se estende não apenas no espaço, mas no tempo. Portanto, para criá-las, uma multidão de espíritos diversos combinou suas ideias e seus sentimentos. Além disso, longas séries de gerações nelas acumularam sua experiência e seu saber.

O apontamento de Durkheim (1996) ajuda a explicitar o conceito de religião na cultura, pois o ser humano, por ser possuidor de uma alma e criar relações de aprendizado com o meio em que vive, desenvolve as representações coletivas, sobretudo no âmbito religioso, para se estabelecer as crenças por meio dos ritos que organizam os comportamentos dos indivíduos.

Relacionando a religião ao conceito de cultura, Clifford Geertz (2008) apresenta que a cultura assume, em parte, como controladora do comportamento da sociedade. Dessa forma, acaba criando e recriando comportamentos, devido ao seu conteúdo ideológico, algo impossível de não possuir significado. Além disso, para que se entenda a cultura e compreenda assim os símbolos sagrados, Geertz (2008, p. 66-67) explica que:

> [...] funcionam para sintetizar o ethos de um povo – o tom, o caráter e a qualidade da sua vida, seu estilo e disposições morais e estéticos – e sua visão do mundo – o quadro que fazem do que são as coisas na sua simples atualidade, suas idéias mais abrangentes sobre ordem. Na crença e na prática religiosa, o ethos de um grupo torna-se intelectualmente razoável porque demonstra representar um tipo de vida idealmente adaptado ao estado de coisas atual que a visão de mundo descreve, enquanto essa visão de mundo torna-se emocionalmente convincente por ser apresentada como uma imagem de um estado de coisas verdadeiro, especialmente bem-arrumado para acomodar tal tipo de vida.

Dessa forma, para Geertz (2008, p. 67), a religião é: "um sistema de símbolos que atua para estabelecer poderosas, penetrantes e duradouras disposições e motivações nos homens". Uma força cultural, que opera "através da formulação de conceitos de uma ordem de existência geral e vestindo essas concepções com tal aura de fatualidade que as disposições e motivações parecerem singularmente realistas" (GEERTZ, 2008, p. 67).

Segundo Durkheim (1996), as divisões em dias, semanas, meses e anos correspondem a uma periodicidade dos ritos, das festas, das cerimônias públicas. Ou seja, um calendário exprime o rito da atividade coletiva, enquanto tem por função assegurar sua regularidade. De acordo com esse autor, é mediante a observação e interpretação dos ritos, por parte do pesquisador, que se pode entender o significado da crença, ou seja, o sentido da crença para os próprios devotos, neste caso, dos festejos e devoções à Santíssima Trindade em Manaus.

Além disso, o sentido do festejo nesta obra abrange todas as celebrações em relação à Santíssima Trindade, que permite a criação de vínculos sociais, sobretudo nos elementos religiosos que envolvem os ritos, como novenas, Santo Triságio Angélico, ladainha, celebração eucarística e todos os demais momentos oracionais presentes. Os respectivos processos que ocorrem no festejo também apresentam momentos comunitários, como a partilha de alimentos.

CAPÍTULO I

A RELAÇÃO HISTÓRICA DO DIVINO COM A SANTÍSSIMA TRINDADE EM MANAUS

1. O DIVINO: GÊNESE E ADAPTAÇÕES

Para compreender as relações existentes entre o Divino Espírito Santo e a Santíssima Trindade, é necessária uma digressão histórica a revelar o processo de ressignificações presentes nessas manifestações religiosas, que nos faz compreender, a partir da gênese sobre o Divino, as suas adaptações ao longo do tempo.

Dessa forma, damos o passo inicial para este capítulo, em que o folclorista Luís da Câmara Cascudo (2012) apresenta a gênese do "Divino" ao se estabelecer como festa religiosa em Portugal, nas primeiras décadas do século XIV, pela Rainha Isabel (1231-1336), casada com rei D. Diniz.

Registrado por Câmara Cascudo (2012), esse festejo começou pela construção da Igreja do Espírito Santo em Alenquer. Com a propagação rápida da devoção à terceira pessoa da Santíssima Trindade, tornou-se uma das manifestações mais intensas e populares regulamentadas no Código Afonsino, que a excluía das defesas, e regulada pelo rei D. João III (CASCUDO, 2012).

Como parte da expansão da Coroa Portuguesa, a Festa do Divino chegou ao arquipélago dos Açores. Este território é constituído por nove ilhas, que são: Santa Maria, São Miguel, Terceira, Graciosa, São Jorge, Pico, Faial, Flores, Corvo. Todas foram descobertas entre 1427 e 1452, por navegadores portugueses ao serviço da Coroa. O arquipélago dos Açores — apesar de certa diversidade interna — apresenta, do ponto de vista geográfico, algumas grandes constantes (LEAL, 1994, p. 25).

Nos Açores, sobretudo nas freguesias de Santa Barbara, como no conjunto de Santa Maria, os festejos ao Espírito Santo são chamados de Impérios (LEAL, 1994).

> Na sua base encontram-se promessas individuais — de que os motivos mais recorrentes são a saúde e a riqueza — que

intercambiam a graça divina solicitada com o patrocínio de um Império num local de culto preciso: a igreja paroquial ou duas das ermidas existentes na freguesia — as ermidas de Nossa Senhora de Lourdes (situada no lugar do Norte) ou de Jesus, Maria, José (situada em São Lourenço) (LEAL, 1994, p. 39).

Nesse processo, há folias realizadas por um conjunto de cânticos tradicionais, para direção e o acompanhamento musical dos festejos (LEAL, 1994). Além disso, a Coroa do Espírito Santo, forma consagrada de representação da divindade, constitui o elemento em torno do qual se estruturam os Impérios (LEAL, 1994). Essa Coroa é em prata trabalhada, sobre uma pomba, que constitui a insígnia central de um conjunto de que fazem, ainda, parte um ceptro — também encimado por uma pomba — e uma salva, ambos em prata (LEAL, 1994).

Em Santa Bárbara existem três dessas Coroas, cada uma delas adscrita aos locais de culto atrás mencionados. Esta forma «sui generis» de representação da divindade deve ser, por um lado, relacionada com as origens usualmente atribuídas às Festas do Espírito Santo, que, como vimos, reservam um papel decisivo à figura da Rainha Santa Isabel. E é, por outro lado, solidária de um conjunto de outras designações e insígnias, igualmente retiradas de uma linguagem de poder, que integram a sequência ritual dos Impérios. Esta é marcada, antes de mais, por um conjunto de ritos e festejos de características religiosas: terços e outras cerimónias de homenagem à Coroa, procissões e cortejos vários, etc. (LEAL, 1994, p. 40).

Para realização do Império nos Açores, é formado um extenso grupo de ajudantes, escolhido pelo imperador para encarregá-lo de o ajudar nas tarefas de ordem prática e nos desempenhos cerimoniais requeridos pelo Império (LEAL, 1994).

A estrutura genérica dos Impérios começa por comportar um conjunto de cerimónias e festejos de características mais explicitamente religiosas. Essas cerimónias e festejos centram-se, no decurso da fase preliminar do Império, na casa do imperador, ou, no caso de alguns emigrantes, na casa de um parente chegado residente na freguesia, geralmente os pais ou um irmão. É lá que a Coroa é momentaneamente instalada, num altar erguido expressamente para o efeito. Este altar é montado num dos cantos da divisão principal da casa que recebe a designação de quarto do Espírito Santo (LEAL, 1994, p. 45).

Sobre os aspectos festivos do Divino nos Açores, Leal (2017) descreve a Freguesia de Santa Barbara com uma dimensão religiosa forte, com realização das festas a partir de promessas ao Espírito Santo. Nesse contexto, há também ligação "a ideias do bem-estar coletivo, em particular em relação a terramotos e crises vulcânicas que assolam periodicamente os Açores" (LEAL, 2017, p. 72).

Como figura central do festejo, está o imperador sempre auxiliado por um numeroso grupo de ajudantes para ações referentes ao Divino e às manifestações. Conforme Leal (2017), há uma articulação de linguagem político-religiosa forte nas festas e tem uma das suas expressões nas designações, variáveis de ilha para ilha do arquipélago.

Leal (2017) apresenta o imperador como principal financiador da festa. Além disso, o autor discorre que, em algumas ilhas, é coroado, noutras, é uma criança por ele escolhida. De acordo com Leal (2017, p. 72), "a coroação – que tem lugar nos termos da missa dita da coroação – é sempre um dos pontos nodais do *script* das festas e aquele onde, por um momento, é mais saliente a participação da Igreja".

Dentro dos festejos do Divino em Santa Barbara, nos Açores, há procissões, terços e outras orações junto à coroa, além de dar lugar à partilha e circulação de alimentos, baseadas na linguagem da dádiva.

A partir da compreensão de como são realizados os festejos do Divino nos Açores, Leal (2017) discorre a respeito dos ciclos de viagens, que fez com que essa expressão do catolicismo popular fosse expandida até chegar ao Brasil.

Foram, pelo menos, três ciclos de viagens para difusão desse festejo no mundo. Leal (2017) discorre que o primeiro ciclo ocorreu em Portugal Continental com as primeiras viagens do Divino, ainda terrestres a lugares mais próximos, dessa forma, instalando-se aos poucos em várias localidades lusitanas. Apesar desse processo de expansão, Leal (2017) também aponta um declínio dos festejos na Portugal Continental entre o fim do século XIX, mas sem que tenham desaparecido. No entanto, o número atualmente é mais baixo do que foi no passado. Segundo o autor, a repressão da Igreja com as festas pode ser uma explicação.

No segundo ciclo de viagens, em escala atlântica e num período de expansão portuguesa pelo globo terrestre, o Divino chegou ao arquipélago da Madeira e dos Açores, principal referência. Ambos os arquipélagos não eram habitados e assim foram colonizados pela Coroa Portuguesa no fim do século XV. De acordo com Leal (2017), as festas do Espírito Santo passaram sobre uma difusão gradual na região, persistindo até os dias de hoje. Enquanto a Madeira passou por um declínio das festas, os Açores mantiveram e reforçaram a sua importância na vida religiosa, social e cultural dos açorianos (LEAL, 2017).

Atualmente, cita Leal (2017, p. 37) que "todas as freguesias dos Açores celebram o Espírito Santo, em muitas freguesias são várias festas do Espírito Santo que têm lugar". Para o autor, apesar das dificuldades de fornecer dados, o número atual de festas nesse arquipélago é superior a 400.

A importância em citar e fazer referência à Festa do Divino nos Açores está no fenômeno de multiplicação, em muitos lugares e celebrada de formas diferentes (LEAL, 2017). Nesse sentido, o autor afirma que:

> Por essa razão, as festas do Espírito Santo tornaram-se o símbolo por excelência da identidade regional açoriana, de acordo com um processo que se iniciou com sua tematização etnográfica a partir de finais do século XIX e que culminou com a sua tematização política nos anos oitenta do século XX (LEAL, 2017, p. 37).

Para Leal (2017), os Açores constituíram uma das primeiras escalas no segundo ciclo de viagens do Divino, portanto, isso ocorre com o período de recessão de festas vindas do continente à difusão de outros destinos.

2. FESTA DO DIVINO NO BRASIL

O terceiro ciclo de viagens do Divino, segundo Leal (2017, p. 38), ocorre justamente para o Brasil, a partir do "movimento de cosmopolitização e globalização das Festas do Espírito Santo, iniciado com a colonização dos arquipélagos atlânticos do Madeira e dos Açores", ampliando-se de forma decisiva.

Câmara Cascudo (2012) apresenta a chegada da Festa do Divino ao Brasil no século XVI, realizadas como Império do Divino, com palanques, coretos armados para o assento do imperador do Divino, criança ou adulto, escolhido para presidir a festa e com direitos de majestade, libertando presos comuns em localidades portuguesas e brasileiras.

Para a realização desse festejo, era feita a Folia do Divino que ainda se estende até os dias de hoje ao redor do mundo.

> A Folia constituía-se de músicos e cantores, com a Bandeira do Divino, ilustrada peça Pomba Simbólica, recepcionada devocionalmente por toda a parte. Essas Folias percorriam grandes regiões, gastando semanas ou meses inteiros. Foram festas de alta receptividade coletiva no Brasil e Portugal, mas estão decadentes, relativamente às áreas geográficas de sua existência histórica (CASCUDO, 2012, p. 266).

No Brasil, o povo estava mais habituado com o nome imperador, do Divino, do que o nome do rei. Portanto, a partir disso, em 1822, foi estabelecido o título de imperador do Brasil, pelo ministro José Bonifácio de Andrada e Silva (CASCUDO, 2012). Com interesse real desde sua origem, a Festa do Divino contava com missa cantada, procissão, leilão de prendas, exibição de autos tradicionais, cavalhadas (CASCUDO, 2012).

Com a expansão desse festejo pelo país, Cascudo (2012) enumera alguns estados onde é realizado: Rio de Janeiro, São Paulo, Minas Gerais, Paraná, Santa Catarina, Maranhão, Amazonas, Espírito Santo, Goiás e Distrito Federal.

Tradicionalmente, o Divino é realizado 40 dias depois do Domingo da Ressurreição, que é a quinta-feira da Ascenção do Senhor (Dia da Hora), e 10 dias depois é o dia de Pentecostes, dia do Divino Espírito Santo (CASCUDO, 2012).

Carregado de símbolos e significados, o Divino no Brasil tornou-se uma das principais manifestações no país, a partir do século XIX, durante o período de crescimento urbano, sobretudo com a presença de africanos, portugueses e açorianos (MARIANO; AMBROZIAK, 2021).

Conforme Mariano e Ambroziak (2021), após o transporte da festa para a América, os principais símbolos da festividade portuguesa ainda continuaram, como: as folias, a coroação do imperador e o Império, a abundâncias de alimentos, a preocupação com os mais pobres e a manifestação profana junto das práticas religiosas.

Historicamente, a Festa do Divino sempre foi encarada como uma forma de garantia do bem-estar individual e coletivo, relacionada à proteção dos devotos da ocorrência de abalos sísmicos, crises vulcânicas, ou colheitas agrícolas insuficientes (MARTINS, 1983 *apud* MARIANO; AMBROZIAK, 2021).

Em sua obra, *O império do Divino*, Martha Abreu (1999) faz um recorte histórico sobre as festas do Divino Espírito Santo no Rio de Janeiro, no século XIX, período colonial do Brasil. Nesse período, várias irmandades na cidade prestavam homenagem ao Divino na Festa de Pentecostes do calendário católico, 50 dias após a Páscoa.

> Transportadas para o Brasil desde o início do período colonial, as festas do Divino continuaram se realizando em muita pompa em várias cidades, sendo que o viajante norte-americano Thomas Ewbank, em 1846, chegou a considera-las como as mais populares do país. No Rio de Janeiro, não desempenharam papel diferente, segundo a empolgante avaliação de Mello Morais Filho, escrita no final do século XIX: "até o ano de 1855, nenhuma festa popular no Rio de Janeiro foi mais atraente, mais alentada de satisfação geral (ABREU, 1999, p. 41).

Abreu (1999) narra sobre a então capital da Corte Imperial Portuguesa, o Rio de Janeiro, que, desde os primeiros tempos, guardava os principais símbolos rituais da festa europeia:

> [...] as folias, a coroação de um imperador, e o império; as comemorações profanas junto com os atos religiosos, a fartura dos alimentos vendidos ou leiloados na festa e uma preocupação genérica com os pobres da cidade (ABREU, 1999, p. 41).

Com a chegada da família real, em 1808, o Rio de Janeiro se tornou centro do mundo luso-brasileiro e base da riqueza e prosperidade do país (ABREU, 1999, p. 45).

> Na primeira metade do século XIX, então, o perímetro urbano alargou-se consideravelmente, ultrapassando pântanos e lagoas, e a população da cidade registrou um significativo aumento, destacando-se a presença de escravos africanos e imigrantes europeus, dentre eles, principalmente, camponeses portugueses e açorianos (dado muito importante para continuidade da força do Divino), além de, em número bem menor, artesãos franceses, comerciantes ingleses e mercenários alemães (ABREU, 1999, p. 45).

3. A DIFUSÃO DA FESTA DO DIVINO NO BRASIL E A RELAÇÃO COM A MIGRAÇÃO AÇORIANA

Leal (2017) aponta que as festas do Divino, ou do Espírito Santo, no Brasil tem ligação direta com a vinda dos açorianos ao país.

A partir de meados do século XVI, os açorianos iniciam a jornada ao Brasil quando a Coroa Portuguesa passou a incentivar o recrutamento de famílias para atuarem no processo de colonização do território brasileiro (MARIANO; AMBROZIAK, 2021, p. 77).

Nos dois séculos posteriores, os incentivos políticos a esse movimento migratório no Brasil foram intensificados a partir do custeio do transporte e da doação de terras, ocasionando o aliciamento de um grande quantitativo de colonos (MARIANO; AMBROZIAK, 2021, p. 76).

> O movimento migratório do século XVII, marcado pela numerosa e intensa saída de açorianos rumo ao Brasil, teve como principais destinos as Capitanias do Pará, do Maranhão, da Bahia e de Pernambuco. Um processo quase sempre organizado pela Coroa, visando o atendimento de interesses políticos para suprir a necessidade de colonizar e defender as regiões fronteiriças do Norte (Maranhão e Pará) e do Sul (Sacramento, Santa Catarina e Rio Grande do Sul). Essa atitude, ao mesmo tempo, atendia às solicitações dos habitantes e das autoridades políticas dos Açores, que enxergavam os processos migratórios como oportunidades de contornar as dificuldades econômicas e sociais presentes no arquipélago (MARIANO; AMBROZIAK, 2021, p. 77).

Cordeiro e Madeira (2003) também relatam que o processo de imigração açoriana ao Brasil estava ligado a interesses individuais, impulsionados por estratégia de nobres ou populares, conjugados com interesses individuais. Dessa forma, ambos os autores afirmam que, viabilizando a colonização ou a assistência militar, o objetivo seria de afirmar a nacionalidade portuguesa nas fronteiras ou no interior do império (CORDEIRO; MADEIRA, 2003, p. 100). Além disso, "marcaram de forma determinante a permanência, nas ilhas, de um forte contingente de homens disponíveis para encetarem novas experiências de vida nas mais longínquas paragens do 'Império'" (CORDEIRO; MADEIRA, 2003, p. 100).

Segundo Cordeiro e Madeira (2003, p. 100), "desde cedo, encontramos açorianos nas mais variadas partes do império português, empregues no serviço de Deus e do Estado".

> Em Maio de 1541, cerca de um século depois do início da colonização dos Açores, já o Dr. Manuel Álvares, referindo-se a S. Miguel, declarava: "ha muitos cavaleiros e homens de remdas e por a maior parte os homeis destas ilhas sam a cavallo desemvoltos e ligeiros e forçosos e desta só ilha se poderam tirar trezemtos homeis cavaleiros nas vomtades

e obras e cada huum destes ao menos que pode levar sam dous piõis que sam por todos novecemtos" (CORDEIRO; MADEIRA, 2003, p. 100).

De acordo com Cordeiro e Madeira (2003, p. 101), "no ano de 1550, foi a própria coroa a incentivar Pêro Anes do Canto no sentido de recrutar açorianos que deveriam ser encaminhados para a colonização do Brasil".

Houve, a partir do século XVII,

> [...] uma movimentação mais intensa e numerosa, quase sempre organizada pelo Estado, com intuitos colonizadores ou como contributo militar, para a salvaguarda dos interesses portugueses no Brasil (CORDEIRO; MADEIRA, 2003, p. 101).

Cordeiro e Madeira (2003, p. 101) explicam que, no início do respectivo século, em 1615, Jorge de Lemos de Bettencourt propunha introduzir 200 casais açorianos no Pará, que, afinal, acabaram por seguir para o Maranhão, onde a primeira leva terá chegado somente em 11 de abril de 1619.

Em seguida, "na segunda metade do século XVII a saída de açorianos para o Brasil continuou com alguma intensidade. Em 1666, terão transitado para ali 50 casais da ilha do Faial, que se estabeleceram no Pará" (CORDEIRO; MADEIRA, 2003, p. 101).

> O fluxo emigratório açoriano foi mais contido na primeira metade do século XVIII. A documentação, pelo menos a disponível, não sugere a existência de uma grande movimentação de casais, como a que ocorreu ao longo das centúrias anteriores e, posteriormente, nos meados do século XVIII (CORDEIRO; MADEIRA, 2003, p. 101).

Durante "a primeira metade de Setecentos a Coroa continuou, contraditoriamente, a apoiar e a promover a saída de casais ilhéus" (CORDEIRO; MADEIRA, 2003, p. 101). O maior interesse era, sobretudo, povoar, explorar e defender as regiões fronteiriças do Sul – Sacramento, Santa Catarina e Rio Grande do Sul – e do Norte – Maranhão e Pará (CORDEIRO; MADEIRA, 2003).

Em suma, a emigração para o Brasil caracterizou-se, do século XVI ao XIX, pelo controle efetivo da Coroa Portuguesa (CORDEIRO; MADEIRA, 2003).

> O abandono das suas terras obedeceu menos à vontade da população do Arquipélago e mais aos interesses do Estado.

> Mesmo nas situações mais dramáticas – acentuadas crises frumentárias, fenómenos sismovulcânicos, escassez de emprego – que impeliam à urgência da fuga para novos horizontes de esperança, eram os interesses da coroa que prevaleciam, causando, por vezes, e como vimos, situações complexas de pessoas que ficavam na dependência da caridade pública, com o alheamento do Governo (CORDEIRO; MADEIRA, 2003, p. 119).

Nesse período histórico de imigração ao Brasil, as Festas do Divino foram bagagens culturais trazidas pelos açorianos e aparecem no Brasil com representatividade garantida em quase todo território (MARIANO; AMBROZIAK, 2021). Portanto, a inserção de costumes locais em sua execução, aliada ao desuso de alguns elementos, permitiu o surgimento de novas possibilidades na celebração festiva (MARIANO; AMBROZIAK, 2021, p. 75).

Dessa forma, Leal (2017) aponta que, em cada lugar onde esses festejos se instalam, há adaptações e ressignificação com traços da cultura local.

> Essas influências culturais tornam-se ainda mais evidentes, tendo em vista a amplitude geográfica, a composição étnica do país e o fato do Brasil ser o primeiro destino da difusão, com os festejos em Santa Catarina e no Rio Grande do Sul já registrados no final do século XVIII (LEAL, 2017, p. 38).

Conforme Balestrero (2012), nos séculos seguintes, outras localidades brasileiras também passaram a celebrar o Espírito Santo por influência dos açorianos, como no caso de Viana/ES, cuja celebração da primeira festa remete ao início do século XIX.

De acordo com Leal (2017), não é possível determinar exatamente a quantidade e localização das festas do Divino no Brasil. A justificativa de Leal (2017) é baseada nas realizações de festejos com maior visibilidade com apelo turístico, em detrimento das festas mais intimistas, apenas com abrangência local (MARIANO; AMBROZIAK, 2021).

4. EXPANSÃO PORTUGUESA NA AMAZÔNIA: MIGRAÇÃO AÇORIANA E O DIVINO

A integração do território amazônico ao Império português, sob condução de missionários, militares, colonos e funcionários civis, ocorreu no decorrer dos séculos XVII e XVIII, segundo o historiador e ex-governador do Amazonas, Arthur Cezar Ferreira Reis (1959).

Segundo o autor, a marcha dos luso-brasileiros encerrou o período espanhol na região, descendo o litoral-oeste, "na campanha contra os entrelopos franceses e alcançaram o delta, penetrando o rio Pará e vindo estabelecer, no ano de 1616 o fortim Presépio" (REIS, 1959, p. 16), sendo atualmente a capital Belém-Pará.

A partir disso, a expansão portuguesa na Amazônia seguiu a partir das campanhas, travando batalhas para ocupar o território. Portanto, Reis (1959) narra que por "duas décadas a história amazônica escreveu-se por isso, por isso, no fragor da luta" (p. 18).

Conforme Reis (1959, p. 18), a formação territorial da Amazônia, dentro do Conselho Ultramarino, perpassa com a expansão dos luso-brasileiros ao Norte da região, realizada pelos soldados, religiosos, funcionários civis e colonos do Pará, ou seja, uma empresa conduzida dentro do sentido imperial português. Dessa forma, "completara-se, através da sua execução, a configuração litorânea do Brasil, que dominava assim duas entradas do delta Amazonas. O limite que desejara alcançar ao norte estava alcançado" (REIS, 1959, p. 28).

O aumento de espaço territorial da Amazônia ocorria por meio das ordens advindas de Lisboa e levado adianta por militares, civis e religiosos.

> Nessa irradiação, foram atingidas e visitadas as águas do Tapajós, do Xingu, do Madeira, do Rio Negro, do Rio Branco, do Solimões, do Japurá, do Içá, do Maranon, do Napo. Aqui e ali, os sertanistas, os religiosos e as Tropas de guerra encontraram dificuldades impostas por grupos indígenas que, internando-se ante a marcha do conquistador, ofereciam resistência nos sítios onde estavam estabelecendo. Foi assim, para exemplificar, no Rio Negro e no Madeira. (REIS, 1959, p. 29).

No Rio Solimões, os luso-brasileiros, sob as ordens de Lisboa, fizeram com que militares e religiosos espanhóis evacuassem a região, e a obra de catequese chefiada por Samuel de Fritz acabou interrompida. Dessa forma, Reis (1959, p. 30) narra que "os capitães Antônio de Miranda e José Antônio Fonseca, anos de 1691 e 1697, em ato solene, tomaram posse da região para a Coroa Portuguesa".

A ideia de Portugal de criar na Amazônia seu mundo ultramarino seguiu com a expansão, segundo o autor, com "penetração em direção ao oeste do Amazonas, as comunicações com outros distritos do Estado do Brasil, pelas águas dos afluentes do Amazonas" (REIS, 1959, p. 31).

> A irradiação pela Amazônia, com a presteza, com o sentido que possuía, com a amplitude que a caracterizou, pode conduzir-nos a aceitar a tese mais arrojada – a da intenção governamental de ir aos Andes para ali criar a fronteira entre os mundos de Espanha e de Portugal (REIS, 1959, p. 33).

Em meio a esse processo de expansão, destaca-se a cristianização da região por meio da ação de ordens religiosas. Reis (1959, p. 35) cita os "Franciscanos da Província de Santo Antonio, Jesuítas, Mercedários, Carmelitas e Frades de Santo Antonio, sobrelevando os demais milicianos da Igreja". A missão desses perpassava por uma obra de evangelização e política construtiva que explica, segundo o autor, o sucesso definitivo alcançado pelo Estado para estabelecer a soberania lusitana na Amazônia.

5. OS AÇORIANOS NA AMAZÔNIA

A expansão portuguesa na Amazônia, entre os séculos XVI e XVII, compreende também como os açorianos chegaram à região. De acordo com Vieira Junior (2017, p. 344), o arquipélago dos Açores entrou para a historiografia como ponto de partida de migrantes para a América Latina. As crises na produção de cereais, epidemias, secas, abalos sísmicos e vulcões formaram um cenário propício aos movimentos emigratórios.

> Aliado ao quadro de instabilidade da natureza estava à conjugação entre estratégias individuais, familiares e interesses estatais de povoamento e defesa de outras regiões sob administração de Portugal: criando "um forte contingente de homens disponíveis para encetarem novas experiências de vida nas mais longínquas paragens do 'Império'". Os Açores e a Ilha da Madeira formaram o projeto inicial de domínio a distância do Império português, ainda no século XV. No entanto, tais regiões também se tornaram "exportadores" de colonizadores. No século XVI se "reconhece a presença de açorianos nas principais frentes de expansão portuguesa, nomeadamente em África e na Índia" (VIEIRA JUNIOR, 2017, p. 344).

Como parte da expansão do processo de colonização portuguesa na região Amazônica, foi no início do século XVII que houve o oferecimento de Jorge Lemos Bettencourt para transportar 200 casais dos Açores para o Grão-Pará (VIEIRA JUNIOR, 2017). Assim, resultou a chegada de apenas 95 casais ao Maranhão, no ano de 1618 – dois anos após a fundação da cidade de Belém (VIEIRA JUNIOR, 2017, p. 344).

> Da Ilha de São Miguel, em 1649, partiram 365 pessoas para Amazônia. Em 1666 era a vez da Ilha de Faial ver partir 50 "casais" para se estabelecerem no Grão-Pará. Em 1675, três anos após o terremoto que atingiu a Ilha de Faial, partiram daquela ilha 234 pessoas rumo ao Grão-Pará. Em 1677 foi a vez de 50 homens, 47 mulheres e 126 "pessoas de família" deixarem a Ilha Terceira com destino ao porto da cidade de Belém. Podemos pontuar diversos níveis de participação da Coroa nesse processo. Primeiro no custeio do transporte e da fixação dos açorianos em seus novos lares. Também, e principalmente no século XVII, na simples autorização de transporte de famílias, custeado por iniciativas privadas. Mesmo antes da segunda metade do século XVIII, temos um movimento intenso de migrantes para o Estado do Maranhão. Muito desse fluxo era resultado das solicitações dos próprios açorianos, dedicados a uma melhor possibilidade de sobrevivência material (VIEIRA JUNIOR, 2017, p. 345).

Vieira Junior (2017) apresenta que a última carga de migrantes dos Açores para a região Amazônia, precisamente ao Grão-Pará, partiu em 2 de agosto de 1754. Além disso, "de todas as viagens, essa foi a que teve um número menor de migrantes transportados" (VIEIRA JUNIOR, 2017, p. 347).

> Pela listagem nominativa foram 80 pessoas, embora o resumo dos embarques contabilize 79 migrantes, dos quais 73 tinham 03 ou mais anos de idade. Foi a última viagem da embarcação Nossa Senhora da Piedade e São Francisco de Paula, também responsável pelas viagens de 1751 e 1752. Segundo as palavras do governador do Grão-Pará Francisco Xavier de Mendonça Furtado, a embarcação com os migrantes encalhou nas proximidades do Marajó, na Tijoca, e logo afundou. O socorro aos náufragos, saído de Belém não chegara a tempo. Os 36 sobreviventes se salvaram com o improviso de uma jangada (VIEIRA JUNIOR, 2017, p. 347-348).

No total das três viagens determinadas e financiadas pela Coroa Portuguesa, entre 1751 e 1754, não foi atingido o número por contrato e descrito nas palavras do próprio rei D. José I, que seria de 1 mil pessoas (VIEIRA JUNIOR, 2017, p. 348).

> Embora a Coroa articulasse e financiasse a vinda dos açorianos para o Grão-Pará, efetivamente a fixação dos migrantes passava pelas decisões, avaliações e gastos dos administradores locais. Em especial do então governador do Estado Francisco Xavier de Mendonça Furtado, irmão do Marquês de Pombal. Entre as obrigações do governante para com o rei estava o

> empenho em assegurar a utilização da mão-de-obra açoriana no fomento da agricultura (VIEIRA JUNIOR, 2017, p. 358).

Nesse processo de migração dos açorianos na Amazônia, o Divino também se difundiu, como a Festa do Divino em Mazagão Velho, no Amapá. Os elementos desta celebração remontam ao Império do Divino nos Açores, como as folias, danças, coroas, distribuição de alimentos e coração do imperador (MACHADO, 2014).

A realização na localidade de Mazagão Velho ocorre entre os dias 15 e 25 de agosto, tempo em que já se efetuaram as colheitas dos produtos cultivados, como a mandioca, o milho e o abacaxi (MACHADO, 2014). Além disso, a comissão organiza sorteios para o desempenho dos cargos e providencia fundos e doações em gêneros para serem consumidos e leiloados na festa. Alguns elementos da festividade das ilhas açorianas persistem (MACHADO, 2014).

> Durante os dias da festa acontece o cortejo que segue, sucessiva e ordenadamente, para as casas das varas douradas, das pega fogaças, da alfares bandeira, as pegas na capa, da trinchante e, por último, da imperatriz. Em todas as casas acha-se um oratório com imagens antigas. No cortejo acontecem rezas do terço e ladainha, cantorias, arrecadação e distribuição de alimento, solta de foguetes, distribuição de gengibirra, danças do Marabaixo, "levantação" e derrubada do mastro, e por fim, a coroação da Imperatriz (MACHADO, 2014, p. 43).

6. O DIVINO NO AMAZONAS

Com base em consultas encontradas na internet, no Portal do Divino[1], no Portal Itacoatiara[2] e na Folha de Maués[3], sobre esses festejos no Amazonas, pelo menos cinco municípios do interior realizam essas celebrações: Itacoatiara, Urucará, Alvarães, Uarini e Maués.

Há também registro da Festa do Divino em Manaus, onde Mário Ypiranga Monteiro (1983, p. 159) aponta que o festejo, ou a folia, "vai perdendo ano após ano aquele air de júbilo cristão e de monumentabilidade faustosa dos primeiros tempos".

---

[1] Ver em: Festa do Divino no Estado do Amazonas - Brasil (portaldodivino.com). Disponível em: http://www.portaldodivino.com/Brasil/Amazonas/am.htm.

[2] Ver em: Itacoatiara: A tradicional festa do Divino Espírito Santo – Portal Itacoatiara. Disponível em: https://portalitacoatiara.com/itacoatiara-a-tradicional-festa-do-divino-espirito-santo/.

[3] Ver em: Festa do Divino Maués 2022 – Folha de Maués (folhademaues.com). Disponível em: https://folhademaues.com/tag/festa-do-divino-maues-2022/.

Em sua obra publicada na década de 1980, Monteiro (1983, p. 159) afirma que "hoje em dia quase não se tem notícia dessas celebrações que marcaram época, e quando assumem importância estão pobremente despojadas do argumento convencional, escondendo-se humildosamente no âmbito pobre".

O período entre 15 e 30 de maio era dedicado aos festejos do Divino, segundo Monteiro (1983). O autor também afirma

> [...] que o costume dessa comemoração procede diretamente da metrópole, com o incremento da escravidão negra, pois certos rituais condizem melhor com a cultura africana de uma época de influência colonial (MONTEIRO, 1983, p. 160).

Conforme Monteiro (1983) relata, há uma ligação psicológica entre o nome do igarapé central de Manaus, já aterrado, que era denominado de Espírito Santo, e os festejos.

> O igarapé do Espírito Santo era então o caminho seguido pelo cortejo triunfal que atraía sempre grande número de escravos, mamalucos e índios remeiros. Com referência a esta parte dos festejos a própria Câmara Municipal competia dirigir oficialmente as solenidades, comparecendo os vereadores com suas varas, e seu presidente de rodaque e cartola, capas e caldeirinhas à missa solente Te deum mandada celebrar na capela do antigo seminário episcopal e antes pequena Igreja de Nossa Senhora da Conceição, no bairro de São Vicente de Fora. Aos atos religiosos comparecia também o Presidente da Província e seu secretariado, autoridades civis, militares, tropa formada, cidadãos respeitáveis. Os atos religiosos eram presididos pelo Vigário Geral (MONTEIRO, 1983, p. 160).

Monteiro (1983) apresenta um documento que dizia que, em 1855, a Câmara Municipal de Manaus estava preocupada com a realização da Festa do Divino Espirito Santo. À época, realizava-se "o arraial em frente a Igreja de Nossa Senhora da Conceição, na antiga praça da Trincheira, e mais tarde em frente a igreja matriz nova" (MONTEIRO, 1983, p. 160).

Monteiro (1983) descreve o festeiro, a partir de relatos de seu pai Raimundo Monteiro e de sua prima Raimunda (Doca), como um cidadão que morava no sítio Curari, distante algumas horas da cidade de Manaus, cidadão que seria bisavô do senhor Pedro Marques bibliotecário da prefeitura de Manaus na época. Monteiro (1983) também apresenta a realização do festejo e de seus elementos festivos:

> Dali partia a procissão fluvial para unir-se as festas citadinas. O retiro Canta-Galo era uma casinha rústica, estilo colonial, de telha vã escorrida e janelas de guilhotina com ampla sala avarandada. [...] Em sua casa armava-se o oratório e rezava-se a ladainha. Lá se guardavam os estandartes. No terreiro erguia-se o mastro votivo com o estandarte do Espírito Santo – a pomba. Finda a ladainha, seguiam-se os divertimentos familiares (MONTEIRO, 1983, p. 160).

Sobre a realização dessa festa, aos padres da matriz de Nossa Senhora da Conceição cabia a organização dos programas oficiais, e ao festeiro, oferecer as comidas, "que consistiam em bolinhos de farinha de mandioca, mingau de milho branco (chá de burro), café, chocolate com partidas, banana frita, tapioca, canjica, pamonha, beijus secos, etc." (MONTEIRO, 1983, p. 161). É importante observar que até mesmo os comes e bebes descritos pelo autor, presentes na Festa do Divino em Manaus, eram tipicamente regionais.

Havia também a procissão fluvial, que partia do Curari e vinha até o porto de Manaus à noite, entre luminárias e rojões de fogos de artifícios, narra Monteiro (1983). Na embarcação principal movida a remos, chamada de galeota, "vinha o imperador da festa e a Rainha, sua esposa, ambos ostentando luzidas coroas de lata, roupas de cetim, mantos bordados, e os estandarte do Divino, em seda azul e branca e a pomba bordada" (MONTEIRO, 1983, p. 161).

Os versos de cântico ao Divino são semelhantes aos entoados nos dias de hoje no festejo da Santíssima Trindade em Manaus: "Vamos cantar o Divino, agora que me alembrou, louvado seja a Senhora, a mãe do Redentor". A diferença entre ambos está na ordem e nos sinônimos de algumas palavras, mas que mantém o mesmo sentido de expressão de fé e devoção a Deus.

Ainda sobre a procissão, Monteiro (1983) segue discorrendo que, enquanto o cortejo penitencial subia o Igarapé do Espírito Santo, o povo da cidade, com entusiasmo religioso, estendia-se pelas margens da rua da Pedreira, dando vivas ao Divino. Logo depois disso, desembarcado o pavilhão Divino, ele era recolhido à casa do festeiro, enquanto duravam as cerimônias religiosas, a missa, a procissão e o novenário (MONTEIRO, 1983).

De acordo com Monteiro (1983, p. 163), "antes de 1889 era festejado o Divino Espírito Santo na antiga estrada de Correia de Miranda (atual avenida Joaquim Nabuco, na parte dos Remédios)".

7. A CORRELAÇÃO DAS FOLIAS DO DIVINO E DA SANTÍSSIMA TRINDADE EM MANAUS

Sobre a origem das folias, Eduardo Etzel (1995) aponta que essas manifestações se reportam aos costumes de estudantes boêmios da Idade Média, que, perambulando, mendigavam e se divertiam. De acordo com Machado (2014 *apud* Etzel, 1995), essa prática medieval formou uma coluna de errantes durante os séculos XII e XIV, que percorriam países, escolas e universidades da Europa.

Machado (2014 *apud* ETZEL, 1995) aponta que a raiz da folia está ligada ao cigano errante. A folia do Espírito Santo ocorre durante o período festivo, quando "fiéis agrupam-se em cortejos para a coroação, preces, cantorias e danças, com a finalidade de solicitar e gradecer a proteção do Espirito Santo" (ETZEL, 1995 *apud* MACHADO, 2014, p. 36).

De acordo com o Machado (2014), os festejos em louvor à terceira pessoa da Trindade são bastantes populares, com destaque entre as festas religiosas católicas existentes no país. Apesar de suas diferenças, percebe-se, em diversas regiões brasileiras, o culto e a festa ao Divino Espírito.

Em um recorte histórico, o jornalista Leandro Tocantins (2021), em *O rio comanda a vida*, apresenta, no capítulo "Entre a devoção e o folguedo", como se desenvolvem as festas religiosas na Amazônia, entre elas, o próprio Divino.

De acordo com Tocantins (2021, p. 287),

> [...] revestem-se de tal sentido profano que é difícil estabelecer a distinção entre fé, que existe fervorosa no espírito dos fiéis, e a alegria espontânea, palpitante, que assalta o coração do povo, ao celebrar os seus santos e padroeiros.

Dentro dessa expressão profana, o autor aponta que

> [...] qualquer ato da religião católica realizado fora do ambiente solene dos templos, nos arraiais, nas procissões, nos círios, nas trasladações revela um interessante pendor para o gozo, recreio, a explosão de regozijos (TOCANTINS, 2021, p. 287).

Na região amazônica, Tocantins (2021) registra em Belém o surgimento de festividades por herança de Portugal, sobretudo difundidas no interior amazônico.

> A devoção do Divino, instituída em Portugal por D. Diniz e a rainha-santa D. Isabel, subsiste ainda na metrópole paraense, em alguns terreiros, porém, pouco a pouco, vai perdendo o primitivo fervor da prática do século XIX (TOCANTINS, 2021, p. 293).

Conforme Tocantins (2021, p. 293),

> [...] é no interior que se encontra, porém, com todo regalo e as velhas formas ritualistas, a festa do Divino Espírito Santo. Na região do Baixo Tocantins e das ilhas, no sudoeste marajoara, no Baixo Amazonas, pode-se assistir ao culto secular.

Como parte elementar do Divino, semelhante ao que será abordado sobre a correlação com a Santíssima Trindade, o artefato de ambos os festejos descrito por Tocantins é idêntico, assim como a expressão de devoção: "A coroa de latão, enfeitada de fitas multicores, é velada sob um sussurro de rezas. As pessoas da casa vêm de joelhos beijar a relíquia, e com suas próprias mãos, colocam-na sobre a cabeça e repõem-na no altar" (TOCANTINS, 2021, p. 294).

Como associação a essas diversas festas, há os festejos em honra Santíssima Trindade em Manaus, onde destacam dois dias de celebração, conhecidos como o Sábado de Louvor e o Domingo da Trindade, que podem ocorrer entre a última semana de maio e a segunda semana de junho. No entanto, ao invés de celebrarem somente o Espírito Santo, os devotos festejam as três pessoas da Trindade, com elementos semelhantes referentes ao Divino país e mundo a fora. A Figura 1, a seguir, mostra o ciclo festivo da Santíssima Trindade.

Figura 1 – Ciclo Festivo da Santíssima Trindade

Fonte: arte gráfica feita elaborada por Mário Jorge Viana, sob orientação do autor

Partindo da observação da tradição portuguesa e açoriana dos festejos do Divino Espírito Santo, que adquire importância no período colonial e imperial no Brasil, busca-se compreender as adaptações ou ressignificações dessa prática devocional e festiva na cultura regional do Norte do país, sobretudo no baixo rio Amazonas e em Manaus. Desse modo, aponta-se, neste capítulo, a correlação entre o Divino e a Santíssima Trindade, dois festejos correlacionados historicamente e que apresentam diversos elementos de adaptações presentes, que tiveram início da Barreira do Andirá e ocorrem em Manaus há 36 anos.

Eduardo Etzel (1995, p. 57) apresenta, portanto, quatro elementos básicos da Festa do Divino, presentes atualmente nos festejos da Santíssima Trindade em Manaus: "o teatro, a folia, a comilança, o objetivo e o Espírito Santo".

Esses elementos mostram a correlação e semelhança existente com a Santíssima Trindade. E a partir das adaptações nos ritos realizados nos festejos, percebe-se como foram desenvolvidos à referência do Divino Espírito Santo.

Segundo Etzel (1995), o teatro religioso é a prática comum a partir do século XII, ampliando-se nos séculos XIV e XV e sendo retomado com grande interesse catequético pelos jesuítas, ordem que se formou no século

XVI (1536). Dessa forma, Etzel (1995, p. 57) afirma que "o teatro introduzido na Festa do Divino era uma prática comum na época da Rainha Isabel".

Da mesma forma, o teatro também é comum nos festejos da Santíssima Trindade. Realizado no sábado da noite de louvor, o grupo Juventude Trina e alguns devotos ficam responsáveis por organizar uma peça teatral com base na temática do festejo, com a finalidade de reflexão sobre as questões sociais com um viés oracional, com objetivo de levar os participantes a um momento de intimidade com Deus.

A folia, de origem das andanças boêmias e ciganas da Idade Média, como cita Etzel (1995), é o elemento mais lúdico em comum que possivelmente manteve a preferência dos povos pelos séculos afora. Presente na maioria das manifestações da Santíssima Trindade, as folias, apesar de serem um elemento profano, mostram como essa expressão é importante para o festejo em Manaus, por exaltar a devoção a Trindade e celebrar entre os participantes. Podemos observar as folias em ritos como: as novenas, o Santo Triságio Angélico, a expressão de louvor dos Continentes, a dança e a música. Desse modo, Tocantins (2021) apresenta os mesmos elementos, a exemplo das novenas da Santíssima Trindade em Manaus, que ressignificaram a peregrinação fluvial da Barreira do Andirá. Nesse sentido, Tocantins (2021, p. 294) relata que "a procissão navega em demanda de outro pouso que, sendo o de pernoite, está previamente escolhido: o barracão, o engenho de alguma categoria, sempre mais generoso para o Divino Espírito Santo". A descrição do autor faz-nos compreender melhor os moldes nos quais se realizavam, à mesma maneira, as viagens da Santíssima Trindade no interior do Amazonas.

Como parte das folias, Tocantins (2021) relata que, na mesma cerimônia, porém mais pomposa, a coroa do Divino vai para a sala do barracão, onde recebe homenagens e práticas devotas, acrescidas da ladainha puxada por um entendido de rezas. Sobre esse rito, como ocorre na manhã de domingo na festa da Santíssima Trindade, Tocantins (2021, p. 294) descreve "um coro estropiado de palavras cômicas, ditas no mais puro e piedoso sentimento".

Outro elemento dos festejos do Divino é a comilança, apontada como hábito comum, tanto que "desde o rei D. Manuel (1491-1521), o livro V. Tit. 5 das Ordenações do Reino de Portugal proibia comezainas dadas aos pobres em benefício dos mortos" (ALMEIDA, 1995 *apud* ETZEL, 1995, p. 58). De acordo com Etzel (1995, p. 58), tratava-se de "um resíduo do costume ancestral de colocar alimentos nas tumbas aparelhando o morto para a vida no outro mundo".

A partir da abolição desses costumes considerados pagãos, houve a mudança do oferecimento de alimentos aos mortos para os pobres por intenções das almas que partiram (ETZEL, 1995).

> Eram os bodos ou vodos "banquete para satisfação de um voto ou promessa ou por comemoração a algum ato festivo, oferecido aos pobres". Estes bodos eram, ao tempo da Rainha Santa, distribuição de comida aos pobres que depois evoluiu para costume de comer nas igrejas e nas necrópoles. A Rainha Isabel, esposa de D. Diniz, teve intensa ação beneficente e embora como a criadora do Império do Divino, já vimos que os bodos lhe são anteriores. Comer nas igrejas e cemitérios poderia ser costume remoto, como culto aos mortos (ETZEL, 1995, p. 58).

A principal característica da comilança em um conjunto de costumes particularizado por D. Diniz é ser comemoração, seja ela como banquete fúnebre ou não. Segundo Etzel (1995, p. 59), "os povos sempre tiveram o impulso de comemorar com teatro e comidas expressando alegrias e esperanças relacionadas com a sobrevivência neste mundo e no outro".

Na Santíssima Trindade, o oferecimento gratuito do alimento é um gesto de caridade e generosidade do festeiro, que, com a ajuda dos devotos e os recursos arrecadados com doações e atividades sociais para obter fundos, consegue realizar. Além disso, nesse momento, não há restrição de pessoas para o consumo, portanto qualquer um pode participar do momento.

Para tratar das realizações desses festejos, conforme descrito sobre a comilança como parte do Divino, é preciso entender também a relação de troca, sobretudo a dádiva como uma forma de mola propulsora das relações estabelecidas entre os grupos, conforme reconhecido por Marcel Mauss (2003). Essas trocas estabelecidas são denominadas pelo autor de "relações contratuais". Nesse sentido, o dar e receber torna-se obrigação moral como manutenção das relações dentro de um sistema de prestações totais (MAUSS, 2003).

Sob essa visão de análise, não há somente a troca entre os homens, mas as feitas com os deuses, observadas por Mauss (2003), sendo as mais antigas registradas na história. Por falar nisso, o ser humano, a partir da pesquisa de Mauss (2003), mantém sustentação de alianças de prestações totais fortalecidas com o passar do tempo. Da mesma forma, o católico, sobretudo devoto da Santíssima Trindade, fortalece suas relações sociais e divina com o Deus Trino a partir da realização dos festejos. Eis um exemplo de "fato social total", ao reunir os elementos descritos com as promessas, orações nos ritos feitos ao longo dos quatro meses de celebração. Esses são, portanto, elementos religiosos que conectam as trocas simbólicas e as relações de prestação total entre o humano e não humano, ou sobrenatural.

João Leal (2017) destaca a proeminência da linguagem da dádiva, apresentada por Mauss (2003), nos festejos do Divino, que pode ser observada na Santíssima Trindade em Manaus, por meio de formas de refeições, dádivas e contradádivas de alimentos, representando custos monetários elevados. As dádivas também têm um significado religioso, "uma vez que são frequentemente vistas como uma das principais como uma das principais formas de retribuição da graça divina concedida" (LEAL, 2017, p. 23). As motivações pessoais para a realização do festejo são um ponto importante sobre a dádiva e a generosidade estabelecidas a partir da prestação total, uma relação entre devoto e a Santíssima Trindade, portanto dádiva como uma espécie de mola propulsora das relações estabelecidas entre os grupos. Mauss (2003) reconheceu em diferentes grupos sociais categorias distintas de trocas estabelecidas entre eles, observadas em contextos específicos e diferentes esferas, desde as mais simples até as mais complexas, as quais denominou "relações contratuais". De acordo com Mauss (2003, p. 206), "um dos primeiros grupos de seres com os quais os homens tiveram de estabelecer contrato, e que por definição estavam aí para contratar com eles, eram os espíritos dos mortos e os deuses". Dessa forma, são eles, segundo o autor, os verdadeiros proprietários das coisas e dos bens do mundo.

O quarto e último elemento do Divino é o objetivo, o Espírito Santo, sendo um culto corrente na época da Rainha Isabel. Etzel (1995, p. 59) narra que "a Rainha Santa deu corpo, reuniu numa comemoração festiva os elementos existentes nos usos e costumes populares".

Conforme Etzel (1995, p. 59), a realeza da Coroa Portuguesa criou as festividades e o Império do Divino, "mas na conjunção de costumes já existentes e de raízes atávicas inconscientes traduzidas no folclore, por isso a causa da sobrevivência do Império do Divino até nossos dias".

A partir disso, Etzel (1995, p. 59) explica que "somente elementos emocionais inconscientes sincronizando com fatos e costumes poderiam garantir a continuidade de uma festa popular varando séculos".

Ao citar sobre elementos emocionais, entendemos que não se reverenciava na imagem do Divino o Deus como pessoa da Santíssima Trindade, mas como Espírito, "o elemento místico e incompreensível que intriga a humanidade desde o primeiro homem" (ETZEL, 1995, p. 60).

Outro ponto importante para a continuidade do Divino foi, segundo Etzel (1995), o caráter lúdico relacionado ao trabalho do campo, às searas e à esperada abundância. Portanto, tudo estava interligado, abundância no campo e nas festas, durante meses de folia, banquetes da semana de festejos. Nesse sentido, a abundância do festejo, como parte lúdica e de função social, encontra-se e mantém continuidade na Santíssima Trindade, com elementos ressignificados para Manaus/AM, no entanto venerando as três pessoas divinas, e não somente tratando o Espírito Santo como objetivo, pois essa devoção secular garante a sobrevivência do Império do Divino idealizado por Rainha Isabel.

Ao tratar sobre a Festa do Divino, Leal (2017, p. 21) destaca a representação *sui generis* do Espírito Santo por uma coroa, "a coroa do Espírito Santo, na maior parte das vezes encimada por uma pomba acompanhada de um ceptro".

Em outros casos, a coroa compartilha o protagonismo da festa com a bandeira vermelha com uma pomba bordada na cor branca ou dourado (ETZEL, 1995):

> Esta forma de representação sui generis da divindade – por intermédio da coroa do Espírito Santo – é responsável por um dos traços mais relevantes do script ritual das festas: a sua associação mais ou menos generalizada a uma linguagem de poder inspirada na terminologia das épocas medieval e moderna (ETZEL 1995, p. 22).

Isso remete ao festejo da Santíssima Trindade, com representações materiais semelhantes ao Divino e que estão ao centro das manifestações.

8. SINCRETISMO PRESENTE NOS FESTEJOS DA SANTÍSSIMA TRINDADE

Em *Santos e Visagens*, uma das principais obras e referências sobre estudos da religião na Amazônia, Eduardo Galvão (1955) descreve Belém e Manaus como grandes centros urbanos que abrigam sozinhos um quarto de toda população da região.

O ritmo da vida, conforme o autor, oscila entre a enchente e a vazante, divididas em duas estações, o inverno chuvoso e o verão quente, com a comunicação entre cidades e povoados por meio da rede fluvial, descrito também por Leandro Tocantins, em *O rio comanda a vida* (2021, p. 324): "o homem e o rio são os dois mais ativos agentes da geografia humana da Amazônia. O rio enchendo a vida de motivações psicológicas, o rio imprimindo à sociedade rumos e tendências, criando tipos característicos da vida regional".

Ao retratar sobre a característica demográfica e social da Amazônia, principalmente pela mescla indígena, lusitana e africana na região, Galvão (1955) escolhe tratar sobre a religião.

Com uma etnografia realizada na comunidade de Itá, na região do Baixo Amazonas, o autor traça o perfil do caboclo morador daquela localidade como católico. Galvão (1955, p. 3) aponta que "não obstante, sua concepção do universo está impregnada de ideia e crenças que derivam do ancestral ameríndio".

O autor também define que "a religião de um povo, a par das suas motivações psicológicas, mostra em suas instituições, como no processo de sua evolução, a influência de causas de natureza histórica e social" (GALVÃO, 1955, p. 4).

Devoções marcam o perfil do caboclo amazônico católico:

> Organizado na base do pequeno grupo local, o povoado, o sítio ou a "freguesia", o catolicismo do caboclo amazônico é marcado por acentuada devoção aos santos padroeiros da localidade e a um pequeno número de santos de devoção identificados à comunidade (GALVÃO, 1955, p. 4).

A partir disso, compreende-se a devoção em honra à Santíssima Trindade, expressa por meio de ritos no Distrito da Barreira do Andirá, no interior do Amazonas, pois o modo de vida das pessoas naquela localidade molda o ser católico dos devotos, bem como sempre houve essa profissão de fé a demais santos e santas padroeiros. Como prova, há presença de representações de santos dentro do festejo católico popular, atualmente realizado em Manaus, que mesmo assim mantém a devoção como algo importante.

Galvão (1955, p. 4) descreve que os cultos e os festivais em honra aos santos são organizados pela freguesia na maior parte das vezes, e o dia da festa não coincide com o calendário litúrgico da Igreja Católica ou o local.

Outro elemento presente nesse catolicismo na Amazônia, apresentado por Galvão (1955), é a forte característica ameríndia revelada em crenças e práticas religiosas dessa origem.

Como parte dessas crenças, Galvão (1955) descreve figuras do folclore, como o curupira, anhangas, que são visagens e podem surgir como pássaro ou sem aparência definida; cobra grande; a Matinta Perera; os botos etc. São personagens presentes na história regional dos sobrenaturais e conhecidos também como bichos visagentos associados à natureza.

A discussão em questão mostra, segundo Galvão (1955), que o caboclo evita as visagens, não se rende ao culto ou à devoção a essas figuras sobrenaturais, pois a tendência é se proteger dos poderes malignos desses seres apontados como protetores da floresta. Por outro lado, os santos recebem culto, e deles "o caboclo se aproxima através de orações, de promessas e de atos festivos. Acredita-se que protejam a comunidade e o indivíduo" (GALVÃO, 1955, p. 6).

A mistura de práticas e crenças não católicas do caboclo amazônico deriva do ancestral ameríndio, segundo Galvão (1955). De acordo com o autor, a integração das crenças ameríndias não assumiu o devido sincretismo.

No entanto, observando que todas as religiões são sincréticas e expressas por meio das crenças, Sergio Ferreti (2007) assinala sendo frutos de contatos culturais múltiplos, nos quais todas se julgam puras, perfeitas e não se querem misturadas com outras que seriam impuras.

Ferreti (2007) aponta que em nossa sociedade o sincretismo é mais discutido, principalmente em relação às religiões afro-brasileiras, portanto, consideradas sincréticas por excelência, sobretudo por terem sido formadas no Brasil com a mescla de elementos africanos, ameríndios, católicas e outras.

Com base na observação de Galvão (1955), os elementos ameríndios que integram a religião do caboclo derivam dos povos que habitavam o vale amazônico anteriormente à expansão portuguesa na região.

Como parte desse processo de colonização lusitana da região, Galvão (1955, p. 9) observa que:

> O sistema religioso que se desenvolveu como parte dessa cultura em formação teve seus elementos básicos no catolicismo ibérico do século XVI, acrescido de outros, indígenas, principalmente tupis, modificados em sua amalgamação e desenvolvimento pelas condições particulares do vale amazônico.

Holanda e Silva (2019, p. 4) apresenta o estado do Amazonas como aquele que detém a maior parte do território e é responsável por preservar cerca de 98% da Floresta Amazônica. E desse recorte geográfico, por exemplo, os outros estados são pequenos em termos de territórios, mas esse fator não impede que as cidades pratiquem o catolicismo (HOLANDA; SILVA, 2019) – como é abordado nesta pesquisa a capital Manaus.

Com uma variedade de culturas e manifestações, o pluralismo religioso é marcante na região amazônica, principalmente no Amazonas e Pará, com inúmeros espaços de significações ou, até mesmo, de ressignificações, como festas de santos de caráter popular, profano-religioso, desenvolvidas seja na zona rural seja na área urbana.

Raymundo Maués (2005) apresenta, em seus estudos, que, no estado do Pará, na região de Salgado, as festas de santos são bem presentes:

> O catolicismo popular dessas populações, não só de Itapuá, mas da região do Salgado como um todo, e de várias outras áreas da Amazônia já investigadas por pesquisadores, centra-se na crença e no culto dos santos. Em Itapuá, por exemplo, os principais santos que o povo cultua são Nossa Senhora de Nazaré, São Benedito, o Menino Deus e São Pedro (MAUÉS, 2005, p. 260).

Como parte elementar dos festejos de santos, "o catolicismo popular apresenta, assim, um componente lúdico que lhe é inseparável e que, a despeito das tensões que provoca na sua manifestação, permanece sempre presente" (MAUÉS, 1995, p. 169). Para Maués (2011, p. 7), a marca distintiva do catolicismo, por oposição ao pentecostalismo e ao protestantismo em geral, é que a nossa religião é a mesma do crente, mas diferente pelo grau de liberdade que confere a seus praticantes.

Segundo Maués (2011), a devoção do santo, ao se referir à festa de Santo Antônio, no interior do Pará, que se expressa de maneira mais enfática no momento da festa, não pode limitar-se aos atos rituais "sagrados": missas, novenas, orações contritas, sacramentos. Dessa forma, o Maués (2011) destaca que "o 'sagrado' e o 'profano', se bem que separados na mentalidade popular, não estão em oposição, durante a festa religiosa, mas são complementares, embora entre eles possa haver uma hierarquia que valorize o primeiro".

Ao tratar sobre a espacialidade, Saraiva e Silva (2008) apontam que as festas de santo são resultadas do modo de vida daquela população, sobretudo de quem realiza.

> A festa de santo das comunidades ribeirinhas vista como ritual é, antes de tudo, o resultado do modo de vida ribeirinho, suas implicações podem revelar, mediar ou colocar no mesmo plano interesses opostos que durante a festa são esquecidos para logo ao término voltarem a fazer parte do cotidiano. (...) as atribuições dadas ao espaço e a forma de organizar-se nele estão ligadas à cultura e ao modo de vida das populações. Entre as populações ribeirinhas as crenças,

> os mitos e a religiosidade destacam-se dentro da cultura do grupo, tornando-se fatores responsáveis pela organização socioespacial das comunidades (SARAIVA; SILVA, 2008, p. 11).

Holanda e Silva (2019) consideram, a partir dos trabalhos de Saraiva e Silva (2008), que tratam da religiosidade popular nas comunidades ribeirinhas a partir dos pagamentos de promessas, as romarias, as festas, as procissões, que também são tratadas por Maués, referindo-se ao catolicismo popular. Além disso, segundo Holanda e Silva (2019), o próprio termo catolicismo popular foi usado por muito tempo para descrever a prática religiosa, no entanto, atualmente, passa a ser denominado de religiosidade popular, pois, como expressões nas festas envolvendo um pluralismo religioso, as características presentes não rementem somente à religião católica.

De acordo com Maués (1995), as práticas do catolicismo, missas, promessas, rezas, ladainhas e bebedeiras durante o festejo são exercícios normais dentro da religião praticada. Na visão das religiões, como a protestante, a adventista, entre umas outras, esses momentos são um insulto ao Deus e à Igreja, ou seja, uma blasfêmia.

Ferreti (2007) trata sobre as festas populares e as manifestações folclóricas como reflexo, de modo geral, a presença do sincretismo nas religiões populares.

Ao que se refere ao popular, podemos encontrar o poder de resistência dessas manifestações, principalmente religiosas, que, no período colonial, a Igreja e o Estado tentavam manter sob controle e determinar o que devia ser feito. Atualmente, apesar de haver condições de obediências à Igreja Católica, seguindo o calendário litúrgico ou não, esses festejos são realizados pelas mãos de leigos, com a participação do clero, como é o caso do festejo da Santíssima Trindade em Manaus.

Nesse sentido, em a festa da Trindade ser caracterizada como popular, há relações existentes com práticas religiosas afro-brasileiras, componentes especificamente religiosos distintos do folclore e das festas (FERRETI, 2007). Dessa forma, Ferreti (2007) apresenta elementos encontrados nessas manifestações como o respeito por seres, lugares, objetos, aos mais velhos, cânticos e palavras sagradas, gestos, rituais, além da observação de cerimônias litúrgicas minuciosas e complexas. Todas essas indicações podem ser encontradas tanto em festas de matriz africana, como na católica e de caráter popular, como é o caso da Santíssima Trindade. Há, portanto, um sincretismo presente nas expressões desse festejo, mesmo que os devotos não consigam perceber.

No tambor de mina, principal nome das religiões afro-maranhenses e da Amazônia, são as entidades religiosas africanas e de outras procedências, que pedem a realização de festas da cultura popular e são homenageadas pélos devotos com festas de vários tipos (FERRETI, 2007).

Correlacionada ao festejo da Santíssima Trindade, a realização das festas do Divino é comum no tambor de mina, com o tambor de crioula, de bumba-meu-boi, banquete para os cachorros, bem como ladainhas, procissões e outros rituais oferecidos em homenagens (FERRETI, 2007). São, portanto, feitos como pagamento de promessa aos santos, caboclos, voduns, orixás e outros encantados (FERRETI, 2007).

Da mesma forma que nas manifestações católicas, a realização dessas festas nos terreiros constitui uma forma de expressão da religiosidade popular e não pode ser vista como superstição ou ridicularizado como fator obscurantista (FERRETI, 2007).

A partir disso, o sincretismo pode ser considerado elemento essencial para diferentes formas de religião, muito presente na religiosidade popular, nas procissões, nas comemorações dos santos, nas formas de pagamento de promessas, nas festas populares (FERRETI, 2007). E além desses elementos citados, encontramos também o festejo da Santíssima Trindade como uma expressão de sobrevivência e adaptação da expressão religiosa popular iniciada na Barreira do Andirá e consolidada atualmente na cidade de Manaus.

Relacionado ao sincretismo religioso, podemos considerar o Divino e a Santíssima Trindade como solenidade profana ou pagã, no sentido das manifestações populares e antilitúrgicas, mas que não deixam de expressar a relação ao sagrado.

Como exemplo disso, está o mastro votivo consacratório, conforme Monteiro (1983) cita sobre a realização do Divino em Manaus. Este era realizado pelo pai de santos Mestre Cosme e Damião, no terreiro do Mestre Ermínio Cavalcante do Rosário, na rua Apurinã, na capital amazonense.

Nesse espaço, o mastro possui cinco fases, segundo Monteiro (1983): a derrubada ou tiração, implantação, arranca-tronco e tapa-buraco. Na contagem do autor, a sexta era a varrição.

Em meio a essas fases descritas por Monteiro (1983), antes do chanteamento do mastro em frente à casa de Mestre Ermínio, é feita a procissão com os andores do Divino e do Coração de Maria, realizando um percurso de uns 5 quilômetros. Em seguida, antes do levantamento do mastro, é fixada a bandeira branca com a pomba bordada em creme. Segundo Monteiro (1983), a cor da bandeira varia todos os anos, com repetição de cores a cada três anos.

Com relação ao mastro, Monteiro (1983) observa um cerimonial como uma boa cópia de estatuto pagão, onde estão relacionados ecos de rituais agrícolas e sexuais. A seguir, Monteiro (1983, p. 170) explica que:

> O povo não se apercebe dessas coisas porque é mérito das religiões não se descobrirem totalmente, fornecendo a banda externa. É por essa razão que índios e negros aceitaram com muita satisfação esses rituais externos, convictos que eles representam uma boa parcela de suas convicções religiosas, aliás mágicos religiosas.

Desse mesmo ponto de vista, nota-se o rito do mastro nos festejos da Santíssima Trindade, com elementos semelhantes à Festa do Divino no terreiro de Mestre Ermínio, realizado anos antes em Manaus. Portanto, há nesse sentido uma expressão do pluralismo religioso elementar e o sincretismo presente na mescla entre o catolicismo e as religiões de matriz africana, a partir de um cerimonial, pois, como manifestação popular, não existe autoridade de uma religião ou instituição como a Igreja, que detenha poder ou controle sobre, mas uma forma de resistência de leigos e devotos sobre a prática religiosa ao Divino e à Santíssima Trindade.

É esse entendimento que consideramos, de como a religiosidade popular se fortaleceu na Amazônia, principalmente em Manaus, com as festas de santos, havendo sempre uma relação entre sagrado e profano, e o aumento da participação popular por ser um culto público, e não privado.

Na mesma saudação Saravá está também a do Divino, antes do manjar, ou seja, a comida servida a todos os presentes na festa. Os restos dos pratos dos inocentes, as crianças, são reunidos em um só prato e entregues aos cachorros, como ocorre na festa de São Lázaro (MONTEIRO, 1983). De toda forma, esses cerimoniais, sejam relacionados ao mastro ou ao banquete, não são exclusivos somente ao Divino, mas é algo bastante praticado e característicos em festas de santos populares, como modos de expressão de promessas, devoção e fé.

Chegamos à compreensão também de que o Divino e a Santíssima Trindade estão de certo modo desvinculados da Igreja, principalmente no diz respeito às manifestações literalmente fora dela, na rua, que envolve a população, e é profano. No entanto, não inibe a presença do sagrado a partir dos ritos religiosos presentes, como o festejo da Santíssima Trindade, a partir da adoração ao Santíssimo Sacramento, a missa e seus ritos litúrgicos, a participação do sacerdote etc.

No geral, a festa da Santíssima Trindade em Manaus é de caráter popular, religioso e cultural. É uma prática que tem como precursora uma pessoa leiga de origem humilde do interior do Amazonas, herdeira de um artefato considerado sagrado por seus devotos. Inconscientemente ou não, essa festa poderia ser além de uma continuidade do realizado na Barreira do Andirá, mas do fausto tempo em que era realizado o Divino na Igreja de Nossa Senhora da Conceição e que hoje em dia não se tem notícias na capital amazonense. Entretanto, houve ressignificações e adaptações para o espaço urbano, ao modo de vida das pessoas a uma metrópole no meio da Amazônia. Trata-se de outra realidade, diferente da apresentada por Eduardo Galvão (1955), sobre a crença e a vida religiosa do caboclo amazônico em comunidades ribeirinhas.

Por outro lado, não seria demais dizer que a festa da Santíssima Trindade em Manaus sugere-nos a ideia de uma tradição cultural inventada, a partir de uma história que alcança os Açores e que adquiriu adaptações no Brasil, na Amazônia, sobretudo em Manaus.

Para Hobsbawn e Ranger (1997, p. 9), entende-se como tradição inventada "um conjunto de práticas normalmente reguladas por regras tácitas ou abertamente aceitas". Como práticas de "natureza ritual ou simbólica, visam inculcar certos valores e normas de comportamento através de repetição" (HOBSBAWN; RANGER, 1997, p. 9), o que implica uma continuidade em relação ao passado. As tradições inventadas tentam, portanto, estabelecer um caráter elementar de continuação de um passado histórico apropriado.

Partindo desse pressuposto, discutimos como ocorre esse processo de invenção da tradição nos festejos da Santíssima Trindade de Manaus, pois o termo é comumente utilizado para se referir a ritos realizados pelos devotos.

A referência a um passado histórico caracteriza as tradições inventadas como uma continuidade artificial (HOBSBAWN; RANGER, 1997). A ladainha e as novenas em honra à Santíssima Trindade são os ritos mais antigos do festejo da Santíssima Trindade, realizados no passado na Barreira do Andirá, pelo bisavô de Maria Cleide, a mesma que deu continuidade a esses em Manaus. Apesar de denominarem uma tradição, trata-se de uma invenção sob a ótica de Hobsbawn e Ranger (1997).

"Tradição familiar" também é a expressão mais abordada dentro das manifestações da Santíssima Trindade, principalmente ao se referir ao que era realizado no passado. No entanto, não há algo tradicional familiar, pois, antes mesmo desse pertencer à "família", as manifestações referentes à Trindade nunca foram de culto privado e familiar, apesar de a coroa estar sob as guarda deles. Ou seja, o festejo, antes de tudo, não era realizado somente por uma família, apesar de ser designado desta forma, com base num estatuto. Além disso, como festa popular e religiosa, a Santíssima Trindade é de todos, e todos podem ser devotos, como ocorre em todas as festas de santos. E nesta questão cabe a particularidade de cada pessoa.

Nesse sentido, tudo que é referente ao passado da Santíssima Trindade são apenas reações às situações novas que ou assumem forma de referência a situações anteriores, ou estabelecem o seu próprio passado por meio da repetição obrigatória (HOBSBAWN; RANGER, 1997). A partir disso, fica a questão: há uma tradição familiar? Sim. No entanto, é inventada, pois a continuidade é artificial, parte de um tempo determinado da história e de um local, mas não diminui a essência do festejo.

A Santíssima Trindade é de todos e para todos aqueles que desejam expressar sua devoção particular, e a tradição é apenas um detalhe, ou termo agregado e repetido com o passar dos anos por um grupo de familiares. No entanto, a dimensão sobre essa manifestação é muito maior do que se projeta como uma tradição familiar, sobretudo, por se consolidar a cada ano em Manaus, em diferentes modos de vida urbana.

CAPÍTULO II

O SENTIDO DA CRENÇA E DO RITO NAS EXPRESSÕES DE DEVOÇÃO DA SANTÍSSIMA TRINDADE: DA BARREIRA DO ANDIRÁ A MANAUS

1. AS EXPRESSÕES DE DEVOÇÃO POR MEIO DO RITO E DA CRENÇA NA SANTÍSSIMA TRINDADE

Com duração de quatro meses, os festejos em honra à Santíssima Trindade, realizados na área missionária Santa Catarina de Sena, bairro de Petrópolis, Zona Sul de Manaus, iniciam no primeiro domingo da quaresma, no mês de fevereiro, com a realização da caminhada da fé, denominação dada à peregrinação semanal da Santíssima Trindade com a realização das novenas na casa dos devotos nos fins de semanas e feriados até o dia de Pentecostes, que é a celebração e memória da Igreja sobre a descida do Espírito Santo no cenáculo com Maria, a mãe de Jesus e os Apóstolos. Os festejos encerram num domingo escolhido para celebração eucarística e comemoração do dia da Santíssima Trindade.

A dinâmica desse festejo corrobora com a regularidade apresentada por Durkheim (1996) na organização do calendário, sobretudo litúrgico, que segue anualmente na Igreja Católica como prática coletiva da comunidade.

Dentro dessa manifestação religiosa que são os festejos da Santíssima Trindade, há também os fenômenos, que podem ser interpretados como crenças e ritos. Segundo Durkheim (1996, p. 19), "as primeiras são estados de opinião, consistem em representações; os segundos são modos de ação determinados". Em suma, entre os dois tipos de fatos, há exatamente a diferença que separa o pensamento do movimento.

Para Durkheim (1996), os ritos só podem ser definidos e distinguidos das outras práticas humanas, notadamente das práticas morais, pela natureza especial de seu objeto. Com esse objeto, precisaríamos caracterizar o próprio rito. Portanto, é na crença que a natureza especial desse objeto exprime-se. Assim, só se pode definir o rito após se ter definido a crença (DURKHEIM, 1996, p. 19).

Seguindo a discussão sobre rito e crença, apresenta-se, como a primeira expressão de crença da Santíssima Trindade, a caminhada da fé, um rito que remonta à peregrinação fluvial realizada na Barreira do Andirá, onde se deu o início desses festejos somente com a reza da ladainha, no início do século XX, pois não há uma data exata, segundo Maria Cleide Tenório dos Santos, 69 anos, bisneta de Francisco Alves Belém. Ele foi supostamente um imigrante de origem portuguesa ou açoriana e precursor dessa devoção, ao trazer de seu país natal o objeto sagrado aos devotos que representa a Santíssima Trindade. Esse objeto tem o formato da coroa do Divino Espírito Santo, com o pombo imperial acima, que representa o poder de Deus e sua divindade, e logo abaixo um pequeno globo e fitas amarradas, nas cores amarelo, vermelho, verde, azul e branco. Dentro do simbolismo do objeto sagrado, há também a importância do dogma da Santíssima Trindade, sobretudo nos festejos, conforme define o Catecismo da Igreja Católica (CATECISMO DA IGREJA CATÓLICA, 2023), sendo a Trindade uma e trina, ou seja, um só Deus em três pessoas: que é o Pai criador, o Filho redentor e o Espírito Santo santificador. Trata-se de uma fé apontada como verdadeira ou incontestável, estabelecida pela Igreja Católica, segundo registros históricos no Concílio de Niceia, no ano de 325.

Além disso, compõe o dogma, que as pessoas divinas não dividem entre si a divindade única: cada uma delas é Deus por inteiro. As três pessoas são a mesma coisa. No entanto, ao mesmo tempo, as pessoas divinas são realmente distintas entre si, por suas relações de origem. Por exemplo, o Pai gera, o Filho é gerado, o Espírito Santo procede, segundo as escrituras. A unidade divina é trina. Por fim, as pessoas divinas são relativas umas às outras, aponta o Catecismo da Igreja Católica, nas páginas 104 e 105.

Em resumo, "o mistério da Santíssima Trindade é o mistério central da fé e da vida cristã. Só Deus pode dar-nos o seu conhecimento, revelando-se como Pai, Filho e Espírito Santo", cita o catecismo da Igreja Católica na página 106.

Figura 2 – A Santíssima Trindade sem as fitas

Fonte: o autor

Sobre as primeiras manifestações da Santíssima Trindade na Barreira do Andirá, Maria Cleide Tenório relata que o início dos festejos conduzidos por seu bisavô era realizados nos arredores da comunidade da zona rural, com a ladainha cantada em latim. Dessa forma, a Santíssima Trindade visitava as comunidades próximas à Barreira do Andirá em celebração aos festejos da Trindade à época. A duração dessas celebrações ocorria por, aproximadamente, quatro meses, devido ao grupo de devotos navegar em embarcações fluviais de pequeno porte para ir até as localidades, e, portanto, as viagens eram demoradas devido à distância.

Somente no ano de 1986, a Santíssima Trindade e as suas celebrações chegaram a Manaus. Como herança passada de geração da Família Tenório Viana Belém, que passou pelas mãos de João Alves Belém, filho mais velho de Francisco Alves, o objeto sagrado foi entregue para Maria do Carmo Tenório (mãe de Maria Cleide) e, logo em seguida, para Joaquim Tenório, o seu terceiro filho, falecido no ano de 2010, e só então foi repassado para Maria Cleide Tenório (filha mais velha), atual detentora e guardiã do artefato.

Figura 3 – Maria Cleide Tenório e a Santíssima Trindade

Fonte: o autor

Na época, Maria Cleide Tenório se mudou para a capital amazonense para viver experiência de vida religiosa, onde ficou por um ano e, logo em seguida, passou no vestibular de Serviço Social na Universidade do Amazonas (UA), atualmente Universidade Federal do Amazonas (Ufam).

Nos dias atuais, o objeto sagrado religioso está guardado em uma capela dentro da residência de Maria Cleide, no bairro Jardim Petrópolis, Zona Sul de Manaus. No local, a Santíssima Trindade fica exposta em altar com imagens de anjos em gesso, com toalhas brancas e uma caixa de madeira para pedidos de orações debaixo do altar. Nessa capela, há também um sacrário, assim como as três bandeiras: duas nas cores branca e uma vermelha, com um bordado ao centro de um pombo representando o Espírito Santo. As bandeiras são amarradas a três lanças feitas de madeira, que foram confeccionadas por um devoto chamado Olívio Mendes da Silva, tio de Maria Cleide.

Figura 4 – Capela da Santíssima Trindade

Fonte: o autor

De acordo com Maria Cleide, foi a influência de ter nascido em lar cristão católico e bagagem da vivência na Igreja trazida para Manaus que contribuiu para retomada dos festejos em honra à Santíssima Trindade.

> *A gente nasceu já no berço da Santíssima Trindade, voltada pra catequese, primeira comunhão, crisma e o trabalho na área da juventude em Parintins. E toda essa dinâmica que a gente recebeu da Diocese de Parintins, a gente trouxe pra cá. E aqui a gente trabalhou, estudou e sentimos essa vontade de retomarmos essa devoção à Santíssima Trindade. Nisso a gente também ajudou a organizar essa comunidade aqui de Santa Catarina de Sena, com algo mais junto para vivermos nossa religiosidade popular* (Maria Cleide Tenório, 2022).

Além da mudança pelos estudos e trabalho para uma nova vida em Manaus, a morte do avô de Maria Cleide, que era o responsável pelos festejos na Barreira do Andirá, fez com que a Santíssima Trindade chegasse a Manaus. A partir disso, com o seu pai Lázaro Carvalho à frente, junto de Manoel Viana e Olívio Mendes, deu-se o início das primeiras novenas e ladainhas na capital amazonense como parte dos festejos. Há uma diferença entre os dois ritos, apesar de serem as primeiras expressões de devoção à Santíssima Trindade. As novenas são realizadas meses antes do dia comemorativo da Trindade, e a ladainha só é rezada uma vez durante o ano, especificamente no domingo festivo.

> *Com a morte do meu avô, a minha avó* [Eunice Noronha Tenório] *veio pra cá* [Manaus], *e trouxe com minha mãe* [Maria do Carmo Tenório] *a Santíssima Trindade, e a minha avô muito preocupada porque estava se aproximando, o período da festa, o dia da Santíssima Trindade, e ela muito preocupada porque a gente não ia rezar a ladainha, e aquilo foi me enchendo de curiosidade, e de uma boa coisa que a gente ouvia falar da Santíssima Trindade, a gente sente logo o desejo de fazer com que as pessoas conheçam e assim nós começamos a fazer a ladainha, começamos nesse primeiro ano aqui a fazer a ladainha da Santíssima Trindade, meu pai ainda era vivo, e o meu pai se juntou com alguns parentes daqui a verificar, o meu pai dominava praticamente toda a reza e começamos a fazer a festa da Santíssima Trindade* (Maria Cleide Tenório, 2022).

De acordo os relatos de Maria Cleide, os festejos em Manaus iniciaram com as ladainhas, como lembranças e memórias das raízes de seus antepassados na Barreira do Andirá. A anfitriã decidiu, junto de seus familiares, iniciar as novenas, que, aos poucos, foram se consolidando e são, atualmente, o início das manifestações da Santíssima Trindade.

> Então foi assim que começou aqui, com as ladainhas, e eu achei que só fazer as ladainhas no dia da festa, aquilo estava muito, então nós começamos a introduzir as novenas, começamos a fazer as novenas, a gente ia na casa dos parentes, a gente ia muito timidamente, e depois a gente foi, devido a experiência que a gente tem, religiosa (Maria Cleide Tenório, 2022).

À época, o festejo se resumia somente ao encontro de alguns devotos para realização das novenas e somente a reza da ladainha.

Realizada anualmente, a novena inicia em frente à casa do devoto, com o festeiro ou juiz do mastro segurando, com as mãos e uma toalha de seda branca, a Santíssima Trindade, acompanhado de outro devoto segurando a imagem de gesso de Nossa Senhora da Piedade, simbolizando Maria com Jesus Cristo em seus braços, morto aos pés da cruz, que, de acordo com Maria Cleide Tenório, é utilizada devido à realização das novenas em período quaresmal. O título dado à imagem em gesso é inspirado na famosa escultura "Pietá", do renascentista Michelangelo, e em Nossa Senhora das Dores.

> Atendendo pedidos dos devotos a gente faz aproximadamente entre 40 a 50 novenas de fevereiro a Pentecostes, que é o primeiro domingo após o carnaval e termina no domingo de Pentecostes. É claro que há algumas interrupções, porque quando nós vamos pra missão, na Barreira do Andirá fazer a festa da Divina Misericórdia, nesse final de semana não há novena. As vezes um ou dois finais de semana é sem novena. E se não dá pra fazer entre sábado e domingo, nós fazemos a noite (Maria Cleide Tenório, 2022).

No grupo de pessoas participantes das novenas, há os guardiões da Santíssima Trindade, que são três homens devotos segurando três bandeiras feitas de seda hasteadas em lanças de madeira. Dessa forma, duas são brancas e uma vermelha com um pombo branco bordado ao centro. Os guardiões sempre acompanham as novenas como proteção à imagem e referência e as três pessoas da Trindade.

Há também os ministros de música, que são responsáveis por conduzir os cânticos e louvores da novena. Os ministros de música, normalmente, levam seus próprios instrumentos de corda, como violão, bandolim, e de sopro, como gaita e flauta doce, e ficam a postos aguardando a Trindade entrar na casa do devoto e, caminhando e cantando, seguem atrás.

> *Nós chegamos cantando alegremente, apresentando a imagem, é o tempo que o devoto vem com sua família e acolhe a imagem e leva, faz a entronização na sua casa e os devotos também entram, e lá nós começamos um louvor, uma animação, e após louvor nós temos que rezar pelo devoto, pela família do devoto, a gente impõe as mãos, e a família se prosta diante da Santíssima Trindade (Maria Cleide Tenório, 2022).*

Após o canto de acolhida, é feito um rito para pedir a presença dos anjos, pois, para os devotos, onde a Santíssima Trindade está, os anjos também estão. Por isso, é cantado o louvor aos anjos, para remeter à presença divina da Trindade.

> *Onde tem céu tem anjos, e onde tem anjos está a mãe de Jesus, e onde está a mãe está o filho, e onde está o filho, está o Espírito Santo, e está também o Pai. Por isso nós pedimos os anjos, exaltamos a Jesus e pedimos o Espírito Santo, porque nós entendemos que o Espírito Santo, como diz em Ato dos Apóstolos 1, diz que o Espírito Santo é a promessa do Pai, e quando nós invocamos o Espírito Santo, nós exaltamos Jesus, pois o ele nos revela, e ele ficou pra nos ensinar todas as coisas (Maria Cleide Tenório, 2022).*

Após esse momento de louvor com os anjos, iniciam-se os ritos da novena dentro da casa do devoto, que prepara um altar para dispor a Santíssima Trindade. Na maioria das vezes, a novena é conduzida pela filha de Maria Cleide Tenório, Ana Rosa Tenório, de 25 anos, que segue os ensinamentos da mãe e é dada como herdeira do objeto sagrado.

Dentro da residência do devoto, é feita uma animação com danças, louvores, com a participação de todos os presentes na casa. A partir disso, é o momento de preparação espiritual para a partilha da palavra ou pregação, conduzida por Maria Oneide Borges, uma das devotas da Santíssima Trindade.

Nesse momento, são cantadas músicas sobre o Espírito Santo para fazer memória à terceira pessoa da Trindade e criar uma conexão espiritual com a Santíssima Trindade. Os presentes participam sempre de olhos fechados, com as mãos no peito, balançando o corpo, acompanhando os cânticos, com intervalos dos versos da canção para louvar a Trindade com suas próprias palavras, principalmente realizando preces, louvando e agradecendo por aquele encontro.

Após o término desse momento espiritual, a palestrante ou pregadora Maria Oneide toma nas mãos a Bíblia, cita a passagem bíblica que é referente ao tema do festejo, que, em 2022, abordado foi "Não temas, porque estou contigo"! (Is 41: 10), antes de iniciar a sua leitura e, posteriormente, o sermão, é cantado um cântico para receber a palavra, em forma de aclamação.

Em seguida ao cântico, é feita a explanação do tema, com base na passagem bíblica, quando a pregadora fala sobre o histórico da Santíssima Trindade e a sua importância na vida dos devotos.

> Nós fazemos a partilha da palavra e na partilha da palavra que surge o entendimento da palavra que a gente tá fazendo, e partilhando, porque essa palavra o senhor já nos deu lá em setembro quando a gente reza pro tema da festa, e o senhor nos dá aquela palavra. E essa palavra nós vamos fazendo ela, se nós tivéssemos condições de fazer 100 vezes a oração, a novena, então seriam 100 vezes que nós iríamos fazer a mesma leitura. E a dinâmica é tão linda que ela não se repete, a moção ela não se repete. Então nós acreditamos que realmente Deus ele não se repete (Maria Cleide Tenório, 2022).

Diante disso, os familiares que recebem a Santíssima Trindade são convidados para ir até a Santíssima Trindade ajoelharem-se para que sejam feitas orações e o cântico "Vamos Cantar a Divina".

Figura 5 – Reverência à Santíssima Trindade

Fonte: reprodução/Facebook https://www.facebook.com/com.santisimatrindade/photos/pb.100064317027069.-2207520000/1000325136841265/?type=3

Dessa forma é iniciado o rito final da novena, com o cântico em que os guardiões cruzam as três bandeiras por cima dos devotos ajoelhados, as fitas da Trindade são colocadas sob a cabeça deles, como sinal de bênção e exaltação. Todos os devotos presentes na novena participam desse rito, e o cântico é repetido até que todos passem pelo mesmo momento de intimidade com a Santíssima Trindade.

> *Depois desse momento da partilha da palavra, a gente vai beijar a Santíssima, e a gente vai cantar a Divina. Então se canta todas as estrofes enquanto a gente vai cantando, os devotos vão fazendo a sua homenagem. É o momento do devoto com a Santíssima Trindade. Esse momento é dele, se ele ficar cinco minutos aos pés dela, nós ficamos cantando enquanto aquele devoto não levanta, ele deixa lá todo o seu agradecimento, ou então o seu pedido, a gente fica cantando, canta-se a divina, e as vezes a gente repete várias vezes, todas as estrofes cantando* (Maria Cleide Tenório, 2022).

Em particular, as fitas colocadas sobre a cabeça dos devotos aos pés da Santíssima Trindade apresentam um significado de louvor naquele momento íntimo espiritual. Trata-se de um encontro direto com Deus Trino, em que todos que estão presentes envolvem-se e são induzidos por uma força sobre-natural e por quem conduz a novena para também viver aquela experiência diante da Santíssima Trindade. E como prova disso, todos os que estão ali naquele momento sempre participam. Dessa maneira, Maria Cleide relata sobre o significado das fitas e a importância da Trindade na sua vida, prin-cipalmente por receber milagre ao dar à luz a sua filha aos 43 anos de idade.

A partir dessa associação de crença ao milagre, Durkheim (1996) define que as atividades humanas relacionadas a religiões passam por sistemas de crenças e cultos que representam as atitudes rituais, mesmo com a diversidade de formas, e com isso alcançam uma significação objetiva e desempenham as mesmas funções. Ou seja, o autor afirma que são esses elementos perma-nentes que constituem o que há de eterno e de humano na religião. Nesse sentido, os homens, os meios e as circunstâncias, seja nas suas crenças, seja nos ritos, os processos são experimentados de formas diferentes.

Dessa forma, o testemunho de Maria Cleide reforça a relação da expressão de devoção e agradecimento ao milagre concedido pela Santís-sima Trindade.

> *Eu tive um milagre na minha vida que aos 43 anos eu dei luz a minha filha que hoje tem 24 anos. Então colocar as fitas sobre a minha filha significa, o meu agradecimento, o meu louvor, é exaltar*

> *a Santíssima Trindade pela graça que eu recebi. Sempre que nós ajoelhamos, nos prostramos diante, eu faço isso na minha filha. E também se eu estou de joelhos e algum devoto chega comigo, eu gosto de fazer isso porque você eleva no mais alto lugar que a gente possa imaginar de exaltação a Santíssima Trindade, porque as nossas palavras em agradecimento pelo que a gente recebe, elas são insuficientes, palavras pra agradecer o tanto de graças, da misericórdia e da generosidade de Deus. E a Santíssima Trindade não se prende em misericórdia, ela dá, então por isso que eu faço isso. E me alegra muito quando a gente tá numa casa de um devoto, que o devoto, a sua oferta, o seu agradecimento que os filhos estão ali de joelhos em frente a imagem e a mãe fica colocando a fita na cabeça dos seus filhos. Me alegra muito porque eles estão sentindo a mesma coisa que eu sinto, de você elevar, de exaltar a Santíssima Trindade* (Maria Cleide Tenório, 2022).

Como último ato da novena na casa do devoto, após o cântico da Divina, é feito um momento de celebração em que o festeiro, juiz do mastro, ou o devoto que recebe a Santíssima Trindade em sua casa, ergue o objeto sagrado enquanto é cantado sempre um cântico voltado a Maria, mãe de Jesus, representada como Nossa Senhora da Piedade.

> *Após a divina, o festeiro eleva a imagem, e sempre acompanha conosco, a imagem de Nossa senhora, nós usamos a Nossa Senhora da Piedade porque a gente passa por um momento da quaresma, então a gente leva Nossa Senhora da Piedade, e o devoto e a juíza do mastro ou juiz do mastro elevam enquanto nós estamos cantando a divina pra encerrar e a gente sempre encerra com um canto Mariano pra exaltar Nossa Senhora* (Maria Cleide Tenório, 2022).

Há escolha de famílias, que já estão inseridas em algum dos continentes, para a realização da caminhada da fé no início dos festejos da Santíssima. Dessa forma, é realizada reunião entre o festeiro, o juiz do mastro e a coordenação da comunidade Católica Santíssima Trindade para roteiro de novenas a serem realizadas ao longo dos meses. Na maioria das vezes, não se cumpre o planejamento feito para atender a determinado número de famílias, devido à alta demanda de procura durante a caminhada da fé em Manaus.

> *Nós precisamos nos organizar, então nós fazemos uma planilha e nessa planilha nós vamos colocando os devotos que já solicitaram as novenas, e aqueles devotos que ah, olha, não deu pra fazer a novena na minha casa, mas para o ano eu quero. Então a gente vai organizando. A priori a gente organizava por continentes,*

então dava pra organizar por zona [...] Mas as vezes não dá pra seguir esse cronograma assim. As vezes você já concluiu o Oeste, aí já tá no Leste, e aí surgiu um dizendo: aí eu quero, não sei o quê, o meu filho tá doente, ou então alguém da minha família tá doente, vocês podem fazer a novena? E a gente volta de novo pra aquele continente e faz a novena. Mas é assim, as famílias de um ano pro outro, quando a gente termina a novena na sua casa, a gente já sabe eles vão aceitar a novena no próximo ano. Então é muito difícil, muito raro, já aconteceu de pessoas não aceitarem a novena, de pessoas que realizavam a novena de muitos anos na sua casa, e num dado momento diz: não, não quero, pode passar pra outro. Aí eu sinto, eu choro porque dói em mim. É normal né, todo mundo de escolher, e depois escolher o santo da sua devo-ção. Mas é assim, as famílias geralmente, elas que hoje, pedem. Antigamente não, a gente ia oferecendo, divulgando. Hoje não, as famílias fazem questão de ter a novena. Então a gente faz essa planilha, e nós vamos nos organizando, nessa planilha tem o dia, o nome da família, o continente que ela participa, o horário mais ou menos que vai acontecer a novena, e o endereço, telefone, um contato porque as vezes não dá pra ir, aconteceu alguma coisa e tem como avisar o devoto (Maria Cleide Tenório, 2022).

Portanto, sempre há algumas alterações, com adiamento de novenas por imprevistos, assim como o acréscimo de famílias devotas que pedem para a Santíssima Trindade ir até a sua casa, e dessa forma é organizado para atender aquele pedido.

2. LADAINHA: O PRIMEIRO DOS RITOS DA SANTÍSSIMA TRINDADE

A ladainha é um dos ritos realizados desde o princípio dos festejos da Santíssima Trindade, seja na Barreira do Andirá, seja em Manaus. Giuseppe Santarelli e Giorgio Basadonna, em sua obra *Ladainha de Nossa Senhora* (2000), define a ladainha do gênero mariano como oração de súplica, cuja característica principal é o elemento repetitivo *"ora por nobis"*, que significa "rogai por nós". Nesse tipo, há também a ladainha lauretana, que mais se assemelha à oração realizada nos festejos da Santíssima Trindade. Santarelli e Basadonna (2000) apontam que essa ladainha se firmou em uso desde a primeira metade do século XVI, no santuário da Casa de Loreto, na Itália.

Nos festejos da Santíssima Trindade em Manaus, esse rito ocorre a partir das 6 horas do domingo festivo. Durante a realização, é cantada a ladainha em latim, feita em uma das igrejas pertencentes à área missionária

Santa Catarina de Sena. Dessa forma, todos os anos, quatro homens, em sua maioria chamados de anciãos da Santíssima Trindade, que são os devotos mais idosos, descendentes de Francisco Alves Belém, tomam a frente do rito. Ao centro, em frente ao altar da igreja, fica posto o objeto sagrado da Santíssima Trindade, com um andor repleto de flores. Nesse momento, os anciãos iniciam a ladainha, cada um realizando um tipo de vocal, com os devotos presentes na igreja acompanhando em uníssono.

> *O nosso domingo começa cedinho com a reza da ladainha. Nós fazemos sempre em uma comunidade da área missionária que a gente se relaciona bem. Então nos últimos anos nós iniciamos fazendo na comunidade de São Benedito. E dois anos antes da pandemia, nós começamos a fazer também no Sagrado Coração de Jesus* (Maria Cleide Tenório, 2022).

A ladainha realizada não é específica à Santíssima Trindade, e sim a Maria, mãe de Jesus, chamada de ladainha de Nossa Senhora. De acordo com o relato de Maria Cleide, *"a ladainha são louvores, invocações que nós fazemos"*.

> *Alguém pode perguntar, o que é a ladainha, é a ladainha da Santíssima Trindade, a gente nem conhece uma ladainha da Santíssima Trindade. A ladainha é de Nossa Senhora e ainda em latim como nossos antepassados rezavam, porque antes eles não faziam missa, porque não tinha padre pra celebrar, não tinha nem a Bíblia, porque antes a bíblia não era liberada para as pessoas, só o padre que rezava em latim. Então eles não tinham essa vivência, então pra eles era a ladainha. A ladainha era o ápice, dos nossos antepassados. Eles rezavam com muita devoção e a gente traz a ladainha com os benditos após a ladainha, que são cantados.* Nós fazemos isso com muita devoção (Maria Cleide Tenório, 2022).

A ladainha de Nossa Senhora está inserida no Devocionário da Santíssima Trindade [4]. Os ritos iniciais são feitos em leitura, em latim, conduzida pelos anciãos. Por exemplo: "P: *Glória Patri Et Fílio Et SpirítuiSancto* (Glória ao Pai, ao Filho e ao Espírito Santo) R: *Sicut era in princípio, et nunc et semper, et in saéculasaeculórum. Amen* (Assim como era no princípio, agora e sempre, pelos séculos dos séculos) (Devocionário da Santíssima Trindade)". Onde está a letra "P", é lido pela pessoa que conduz o rito, e a letra "R" indica a resposta da assembleia presente na igreja. Em seguida, é feita a oração de Pai Nosso e Ave Maria em uníssono, com mais uma vez a reza Glória ao Pai, em latim.

---

[4] O Devocionário é um documento com orações do Santo Triságio Angélico, novenas, ladainha e cânticos para a Santíssima Trindade.

Após esse ato inicial, todos os anciãos ficam à frente da Santíssima Trindade e começam a cantar a ladainha em latim com 64 versos, que segue na íntegra:

Kyrie, eleison. (Senhor, tende piedade)

Christe, eleison. (Cristo, tende piedade)

Kyrie, eleison. (Senhor, tende piedade)

Christe, audi nos. (Cristo, ouvi-nos)

Christe, exaudi nos. Miserere Nobis (Cristo, atendei-nos. Tende piedade de nós)

Pater de caelis Deus, (Pai Celeste que sois Deus)

Fili, Redemptor mundi, Deus, (Filho redentor do Mundo, que sois Deus)

Spiritus Sancte Deus, (Espírito Santo, que sois Deus)

Sancta Trinitas, unus Deus, Miserere Nobis (Santíssima Trindade, que sois um só Deus. Tende piedade de nós)

Sancta Maria, (Santa Maria)

Sancta Dei Genitrix, (Santa mãe de Deus)

Sancta Virgo virginum (Santa Virgem das Virgens)

Mater Christi, ora pro nobis (Mãe de Cristo, rogai por nós)

Mater divinae gratiae (Mãe da divina graça)

Mater purissima, (Mãe puríssima)

Mater castissima, (Mãe castíssima)

Mater inviolata, ora pro nobis (Mãe imaculada, rogai por nós)

Mater intemerata, (Mãe intacta)

Mater amabilis, (Mãe amável)

Mater admirabilis, (Mãe admirável)

Mater Creatoris, ora pro nobis (Mãe do Criador, rogai por nós)

Mater Salvatoris, (Mãe do Salvador)

Virgo prudentissima, (Virgem prudentíssima)

Virgo veneranda, (Virgem venerável)

Virgo praedicanda, ora pro nobis (Virgem Louvável, rogai por nós)

Virgo potens, (Virgem poderosa)

Virgo Clemens, (Virgem clemente)

Virgo fidelis, (Virgem fiel)

Speculum justitiae, ora pro nobis (Espelho de justiça, rogai por nós)

Sedes sapientiae, (Sede de sabedoria)

Causa nostrae laetitiae, (Causa da nossa alegria)

Vas spirituale, (Vaso espiritual)

Vas honorabile, ora pro nobis (Vaso honorável, rogai por nós)

Vas insigne devotionis, (Vaso insigne de devoção)

Rosa mystica, (Rosa mística)

Turris Davidica, (Torre de David)

Turris eburnea, ora pro nobis (Torre de marfim, rogai por nós)

Domus aurea, (Casa de Ouro)

Foederis arca, (Arca da Aliança)

Janua caeli, (Porta do Céu)

Stella matutina, ora pro nobis (Estrela da manhã, rogai por nós)

Salus infirmorum, (Saúde dos enfermos)

Refugium peccatorum, (Refúgio dos pecadores)

Consolatrix afflictorum, (Consoladora dos aflitos)

Auxilium christianorum, ora pro nobis (Auxílio dos Cristão, rogai por nós)

Regina angeloru, (Rainha dos anjos)

Regina patriarcharum, (Rainha dos patriarcas)

Regina prophetarum, (Rainha dos profetas)

Regina apostolorum, ora pro nobis (Rainha dos apóstolos, rogai por nós)

Regina martyrum, (Rainha dos mártires)

Regina confessorum, (Rainha dos confessores)

Regina virginum, (Rainha das virgens)

Regina sanctorum omnium, ora pro nobis (Rainha de todos os santos, rogai por nós)

Regina sine labe originali concepta, (Rainha concebida sem pecado original)

Regina in caelum assumpta, (Rainha elevada ao céu)

Regina sacratissimi Rosarii, (Rainha do Sacratíssima Rosário)

Regina pacis, ora pro nobis (Rainha da Paz, rogai por nós)

Agnus Dei, qui tollis peccáta mundi, parce nobis, Dómine. (Cordeiro de Deus que tirais o pecado do mundo, perdoai nos, Senhor)

> *Agnus Dei, qui tollis peccáta mundi, exáudi nos, Dómine.* (Cordeiro de Deus, que tirais o pecado do mundo, ouvi-nos, Senhor)
>
> *Agnus Dei, qui tollis peccáta mundi, miserére nobis* (Cordeiro de Deus, que tirais o pecado do mundo, tende piedade de nós)
>
> (Devocionário da Santíssima Trindade).

Os rezadores da ladainha cantam todos os versos, e a assembleia responde apenas nos versos com os dizeres: *misere nobis* (tende piedade de nós); *ora por nobis* (rogai por nós); *parce nobis, Dómine* (perdoai-nos Senhor); *exáudi no, Dómine* (ouvi-nos, Senhor).

Logo após são feitas as últimas orações para finalizar o momento de reza e cânticos na igreja. Portanto, o conduto do momento faz a seguinte oração:

> Oremos. Senhor Deus, nós Vos suplicamos que concedais aos vossos servos perpétua saúde de alma e de corpo; e que, pela gloriosa intercessão da bem-aventurada sempre Virgem Maria, sejamos livres da presente tristeza e gozemos da eterna alegria. Por Cristo Nosso Senhor. Amém (Devocionário da Santíssima Trindade).

A partir disso, todos os devotos fazem a oração de Salve Rainha como forma de saudação e veneração a Nossa Senhora. Ao final, é feita a última oração, que é a seguinte: "Rogai a Deus por nós, Santa Mãe de Deus. Para que sejamos dignos das promessas de Cristo. Amém! Jesus. Das promessas de Cristo. Amém! Jesus" (Devocionário da Santíssima Trindade).

O último momento da ladainha é o cântico das promessas, que acompanho há cinco anos em Manaus, também conhecido como um momento de pedidos especiais à Santíssima Trindade. Em minha participação da reza da ladainha com o passar dos anos, pude sentir uma devoção ao Deus Trino aumentar cada vez mais, principalmente por acompanhar as mudanças, por exemplo, de como o número de anciãos rezadores da ladainha veio diminuindo gradualmente, pois, dos seis rezadores do início dos festejos em Manaus, somente dois estão vivos, mas já vivem debilitados e possuem limitações físicas para participar. Mas pude observar que o exemplo deles de devotos à Santíssima Trindade inspira a mim e outros jovens que seguem essa devoção e são chamados a participar e até a aprender a cantar a ladainha em latim.

Nos últimos anos, percebo que, ao participar desse rito, há uma mudança sobre a presença apenas de homens como rezadores da ladainha. Houve um rompimento nesse processo, quando uma das devotas, Maria

Oneide, passou a cantar também a ladainha, sendo a única mulher em meio aos rezadores.

> *Depois da morte de vários ladainheiros, que eram aqueles que conduziam, a comunidade ela precisou se reinventar. E como a gente sabia e acompanhou desde os primeiros, que ensinaram como cantar em latim, a traduzir. Eu e mais alguns, a gente começou a traduzir. Hoje em dia, a gente ensaia com a equipe de música e alguns já com os filhos dos devotos, muitos filhos que ajudam já nessa devoção. E aí no dia da festa, após o café, a gente vai fazer essa tradição, não deixa morrer. Todo ano, pode nem ter festa, mas a ladainha, isso é a essência, lá do interior [Barreira do Andirá] [...] É um momento muito solene da festa* (Maria Oneide Borges, 2022).

Marcando a presença da mulher atualmente nesse rito tradicional do festejo que antes era realizada somente por homens, Maria Oneide faz memória ao pai de criação, Joaquim Tenório, devoto da Santíssima Trindade e irmão de Maria Cleide Tenório.

> *Eu me sinto honrada porque meu pai era um dos que gostava muito, então sinceramente quando a gente se reúne pra rezar, passa um filme na minha cabeça deles rezando, porque era uma forma tão linda de ver, então a gente procura guardar isso. Eu não sou expert em latim, não fiz nenhum curso, aprendi da convivência, da experiência com eles. [...] É uma honra muito grande seguir aquilo que a gente aprendeu* (Maria Oneide Borges, 2022).

Durante o processo de mudança dos personagens ativos da ladainha, os ministros de música que participam dos festejos cantando passaram a ser instigados a participar cada vez mais da reza da ladainha, sobretudo para aprender a melodia feita somente com a voz dos rezadores. Apesar disso, outra experiência que tenho a relatar da participação na ladainha é no segundo ano que participei, em 2018, quando acompanhei com um violão os rezadores da ladainha, fazendo os acordes no campo harmônico de Dó Maior e dedilhando durante a ladainha, sendo algo inédito no rito desde a Barreira do Andirá. Como devoto, a sensação de participar desse momento é revigorante por expressar minha crença à Santíssima Trindade por meio da música. Trata-se de uma reafirmação espiritual e de fé no Deus Trino, que engloba Maria, a mãe de Jesus, os anjos, santos e realeza do céu que é a Santíssima Trindade.

Na minha visão ao escrever esta obra, sendo um participante desses cultos, considero que essa expressão de devoção resume bem a importância da ladainha para os devotos que professam sua fé e crença na Santíssima Trindade. É um elo existente não somente ao sobrenatural, ao poder divino, mas às relações sociais existentes entre os participantes, com os laços de amizade e as trocas simbólicas, como gestos de aperto de mão, abraços, confraternizações e encontro de pessoas. A ladainha, além de reconstruir tudo o que os antepassados e primeiros devotos da Barreira do Andirá realizavam, mantém viva a devoção em Manaus. Por isso, essas observações se refletem no cântico das promessas, como forma de agradecimento e louvor à Santíssima Trindade.

> As promessas estão rezadas, já estão cumpre as orações (2x). A Santíssima Trindade aceitai de coração (2x). As promessas estão rezadas que o devoto prometeu (2x). O devoto entrega a imagem, a imagem entrega a Deus (2x). A Virgem Nossa Senhora, Ela é nossa mãe também (2x) Que nos deu o céu e a gloria, glórias para sempre. Amém! (2x) Nossa Senhora das Graças, Ela nos mandou um recado (2x). Para nós nunca esquecermos o Bendito Louvar (2x) (Devocionário da Santíssima Trindade).

Após esse cântico, é feito o "Bendito", sendo a última oração que faz parte da ladainha.

> Bendito louvado, seja o Santíssimo Sacramento do Altar Seja Puríssima Conceição da Virgem Maria, Senhora Nossa concebida, sem pecado original. Para sempre Amém! Amém! P: Louvado Seja Nosso Senhor Jesus Cristo! R: Para sempre seja louvado (Devocionário da Santíssima Trindade).

3. SANTO TRISÁGIO ANGÉLICO

No processo de transição da devoção da Santíssima Trindade da Barreira do Andirá para Manaus, houve a implementação do Santo Triságio Angélico. Trata-se de uma oração de 100 dias de indulgência concedida pelo Papa Clemente XIV, por cada dia rezado. Portanto, devem ser rezados aos domingos, na festa da Santíssima Trindade, e durante a sua oitava, bem como a indulgência Plenária a quem o rezar todos os dias durante um mês, confessando e comungando no dia do mês que se escolher. De acordo com o Manual das Indulgências (1990, p. 15-19), "indulgência é a remissão, diante de Deus, da pena temporal devida pelos pecados já perdoados quanto à culpa, que o fiel, devidamente disposto e em certas e determinadas condições, alcança por meio da Igreja, a qual, como dispensadora da redenção" (*cf.* Indulgentiarum Doctrina, Norma 1).

Essa oração é uma prática comum nos festejos da Santíssima Trindade em Manaus. Em suma, o Triságio[7], que, do grego, *tris-agion* significa (três vezes Santo), é o nome que se dá à aclamação de louvor Santo Deus, Santo Forte, Santo Imortal, testemunhado pela primeira vez no Concílio de Calcedônia (451), é feito de duas formas para a Santíssima Trindade.

No primeiro, o triságio é feito mensalmente como uma reunião de oração entre os devotos na casa de Missão da Comunidade Católica Santíssima Trindade. No segundo, esse rito é feito três dias consecutivos antes do dia de festejo, realizado durante a noite na igreja de Santa Catarina de Sena. Cada noite de encontro tem um tema, sendo eles: Deus Pai, Deus Filho e, por último, Deus Espírito Santo. Cada tema voltado a uma das pessoas da Santíssima Trindade é sempre contextualizado com o tema da festa, conduzido por um pregador da palavra, seja ele convidado ou algum devoto participante da comunidade.

> *O momento do Triságio que é feito mensalmente na comunidade e o triságio que é feito na festa. Então o que é feito mensalmente a gente faz todas as orações, mas a palavra nós fazemos o Evangelho do dia. No triságio da festa é diferente, porque nós usamos toda sequência, um acréscimo. Esse acréscimo, são três dias da festa, no primeiro dia nós vamos meditar, alguém vai falar pra nós sobre Deus Pai, na segunda noite o tema será Deus Filho, e na terceira o Espírito Santo. Então essa é a diferença, além de nós lermos a oração do Pai, a Oração do Filho, a oração Espírito Santo, nós fazemos também o tema sobre Deus Pai voltado também para o tema da festa. O pregador ele tem essa sensibilidade de unir a sua pregação que está falando na noite e fazer a alusão sobre o tema da festa* (Maria Cleide Tenório, 2022).

As duas formas de realização de Triságio duram, em média, uma hora. O encontro reúne devotos na sede da comunidade católica Santíssima Trindade para fazer orações em honra ao objeto sagrado.

No local, é preparado um altar para receber a Santíssima Trindade e, assim, iniciar o momento oracional, quando é cantado o sinal da cruz, ou Santíssima Trindade como rito inicial do Triságio. Esse momento é sempre conduzido por um dos membros da comunidade, principalmente por Maria Cleide Tenório, que também é moradora e proprietária da casa de missão.

Uma das frases mais ditas por ela é que "nada se inicia sem a bênção da Santíssima Trindade". Trata-se de uma forma de expressão que acabou

"VAMOS CANTAR A DIVINA": OS FESTEJOS DA SANTÍSSIMA TRINDADE EM MANAUS

enraizada em todos as manifestações referentes à Santíssima Trindade, sobretudo em que pude participar observando como todos os presentes exprimem sua fé e seu respeito em cada momento.

A partir do cântico de abertura do rito, as pessoas se ajoelham diante da Santíssima Trindade e rezam o devocionário ao Santo Triságio Angélico, em uníssono. Para isso, é entregue a cada um dos participantes um exemplar desse devocionário de 20 páginas com todas as orações e os cânticos a serem feitos durante o rito.

Logo iniciam com a consagração à Santíssima Trindade, quando todos leem juntos em forma de oração, que sempre é conduzida pela herdeira da Santíssima Trindade, Maria Cleide Tenório.

> Ó Trindade Sacrossanta, Eterno Pai, Criador, Divino Filho Redentor, Espírito Santo, Santificador das almas, Único e verdadeiro Deus em três pessoas realmente distintas, eu, hoje, profundamente prostrado(a) diante de vossa Divina Majestade, humildemente vos adoro e emito a minha solene e perpétua consagração de todo meu ser. A Vós consagro a minha inteligência, para que possa sempre crer nas sublimes verdades do Evangelho e contemplar as vossas admiráveis perfeições, a minha vontade, para que eu possa sempre descobrir os divinos desejos, fugindo sempre do mal e praticando o bem; o meu coração, a fim de que só e sempre ame, ardente e infinitamente, a vós Trindade três vezes santa! Suplico-vos vivamente, que tomeis para sempre posse do meu coração e da minha alma, a fim de que, amando-vos sempre e fazendo-vos amar aqui na terra, possa um dia, vir a gozar-vos eternamente no céu! Amém. (Devocionário da Santíssima Trindade).

Adiante, são feitos os oferecimentos à Santíssima Trindade, no entanto, as entregas são espirituais, seguindo o padrão oracional do devocionário.

> Ó Trindade Santa, eu vos prometo que com todo o esforço e empenho, hei de procurar salvar minha alma, visto como Vós as criastes a vossa imagem e semelhança e para o céu. E também, por vosso amor, procurarei salvar a alma dos meus próximos. Para salvar a minha alma e dar-vos glória e louvor, sei que hei de guardar a divina lei, eu empenho minha palavra de guardá-la como a menina de meus olhos, e procurar igualmente que os outros a guardem. Aqui na terra, hei de exercitar-me em louvar-vos e espero fazê-lo depois com maior perfeição no céu. E por isso com 3 frequência rezarei

o Santo Triságio Angélico e o glória ao Pai... Além disso, procurarei que os outros vos louvem. Amém (Devocionário da Santíssima Trindade).

Em seguida, são feitos os oferecimentos, que, conforme aponta o devocionário, são "Para os que rezarem o Triságio ganharem as indulgências". Nesse oferecimento, é feita uma oração em conjunto a partir do devocionário.

Senhor, nós vos rogamos pela igreja e seus prelados; pela exaltação da fé católica, extirpação das heresias, paz e concórdia entre os príncipes cristãos, conversão de todos os infiéis, hereges e pecadores; pelos agonizantes e caminhantes, pelas benditas almas do Purgatório e mais piedosos fins de nossa santa Mãe Igreja Católica Apostólica Romana. Amém. (Devocionário da Santíssima Trindade).

Após a leitura dessa oração, a pessoa que conduz o Triságio, Maria Cleide Tenório, realiza uma oração em forma de prece e resposta da assembleia.

V- Bendita seja a Santa e indivisa Trindade, agora e sempre e por todos os séculos dos séculos.

R- Amém.

V- Abri, Senhor os meus lábios.

R- E minha boca anunciará vossos louvores.

V- Meu Deus, em meu favor benigno atendei.

R- Senhor, apressai-vos em me socorrer.

V- Glória seja ao Eterno Pai, Glória seja ao eterno Filho, Glória ao Espírito Santo. Pelos séculos dos séculos.

R- Amém, Aleluia! (Devocionário da Santíssima Trindade).

A letra "V" no devocionário refere-se à fala de quem conduz a oração, seguindo com a resposta, na indicação da letra "R". E assim segue até o fim da oração. Esse momento também é de reflexão para os devotos participantes.

Durante todas as orações, sobretudo, as pessoas fixam o olhar para o objeto da Santíssima Trindade, veneram levantando e abaixando a cabeça como sinal de respeito, devoção e crença nos milagres.

Como sinal de arrependimento dos pecados, é rezado o Ato de Contrição do devocionário. Esse momento, no qual todos os participantes já estão ajoelhados, pedem perdão à Santíssima Trindade pelos erros cometidos. Trata-se de um rito semelhante ao ato penitencial nas Celebrações Eucarísticas, onde o sacerdote conduz o momento, realizando o ato de contrição ou pedindo um cântico de perdão. No caso do Triságio, é feito um momento de silencio, em que todos, de coração arrependido na maioria das vezes, fecham os olhos, abaixam a cabeça como sinal de arrependimento por seus erros.

> Amorosíssimo Deus, Trino e Uno, Pai, Filho e Espírito Santo, em quem creio, em quem espero a quem amo com todo meu coração, corpo, alma, sentidos e potências. Por serdes vós meu Pai, meu Senhor e meu Deus, infinitamente bom e digno de ser amado sobre todas as coisas; Peza-me, Trindade Santíssima, Trindade Misericordiosíssima, Trindade Amabilíssima, de vos ter ofendido, só por serdes vós quem sóis. Proponho e prometo me esforçar para nunca mais vos ofender e antes morrer do que pecar; espero de vossa suma bondade e misericórdia infinita, que me perdoareis todos os meus pecados e me dareis a graça para preservar num verdadeiro amor e cordialíssima devoção a vossa sempre amabilíssima Trindade. Amém. (Devocionário da Santíssima Trindade).

Após esse momento de perdão, é lido o Hino com os seguintes versos:

> Já se afasta o sol radioso/ Ó luz perene, Ó Trindade, Infunde em nós ardoroso/ O fogo da caridade. Na alvorada te louvamos/ E na hora vespertina; Concede-nos que o façamos/ Também na glória divina. Ao Pai, ao Filho e a Ti,/ Espírito consolador, Sem cessar como até aqui/ Se dê eterno louvor. Amém (Devocionário da Santíssima Trindade).

Os devotos não cantam esse hino, pois segue apenas como parte oracional do devocionário, ou seja, uma oração que é lida por todos os participantes.

Na parte final do Santo Triságio, é feita a oração ao Pai, ao Filho e Espírito Santo, como referência à Santíssima Trindade. Na oração ao Pai, a dinâmica segue da mesma forma como começa, todos leem juntos no devocionário, suplicando as bênçãos ao objeto sagrado.

> Ó Pai Eterno, fora o prazer de vos amar, eu não vejo mais do que tristeza e tormento, embora digam outra coisa os amadores da vaidade. Que me importa que diga o sensual que sua felicidade está em gozar os meus prazeres? Que me importa que diga também o ambicioso que seu maior contentamento é gozar de sua glória vã? Eu, de minha parte,

> nunca cessarei de repetir com vossos profetas e apóstolos, que minha suma felicidade, meu tesouro, e minha glória e unir-me a meu Deus e manter-me inviolavelmente unido a Ele (Devocionário da Santíssima Trindade).

Logo após essa oração, os devotos rezam juntos um Pai e uma Ave Maria. Além disso, é rezado nove vezes o verso "Santo, Santo, Santo, Senhor Deus dos exércitos, os céus e a terra estão cheios de vossa glória" e uma vez "Glória ao Pai, Glória ao Filho, Glória ao Espírito Santo".

Como segunda pessoa da Santíssima Trindade, é feita a Oração ao Filho, Jesus Cristo, e todos os participantes seguem a mesma dinâmica das outras orações. Após, são rezados um Pai Nosso e uma Ave Maria, assim como é repetido nove vezes o "Santo" e uma vez o "Glória".

> Ó Verdade Eterna, fora da qual eu não vejo outra coisa senão enganos e mentiras. Oh! E como tudo me aborrece a vista de vossos suaves atrativos. Oh! Como me parecem mentirosos e asquerosos os discursos dos homens em comparação das palavras da vida, com as quais vós falais ao coração daqueles que vos escutam. Ah! Quando será a honra em que Vós me tratareis sem enigmas e me falareis claramente no seio de vossa Glória? Oh! Que encanto! Que beleza! Que luz! (Devocionário da Santíssima Trindade).

Por último, é realizada a Oração ao Espírito Santo, da mesma forma como a do Pai e Filho, com relação às orações complementares de Pai Nosso, Ave Maria, Santo e Glória, bem como as repetições.

> Ó Amor, Ó dom Altíssimo, centro das doçuras e da felicidade do mesmo Deus; que atrativo para uma alma ver-se no abismo de vossa bondade, e toda cheia de vossas inefáveis consolações! Ah! Prazeres enganadores? Como haveis de poder comparar-vos com a menor das doçuras, que Deus quando quer, sabe derramar sobre uma alma fiel? Oh! Se uma só partícula delas e tão gostosa quanto mais será quando Vós as derramardes como 6 uma torrente sem medidas e sem reservas? Quando será isto, Meu Deus. Quando será? (Devocionário da Santíssima Trindade).

Após as três orações, é rezada a Antífona, e todos os participantes continuam a ler juntos o devocionário, ajoelhados e venerando o objeto da Santíssima Trindade. Dessa forma, é rezada a seguinte oração:

> A Vós, Deus Pai ingênito, a Vós Jesus Cristo Filho Unigênito, a vós Espírito Santo, paráclito. Santa e indivisa Trindade, de

todo coração vos amamos, adoramos, louvamos e bendize-mos. A vós seja a glória pelos séculos dos séculos. Amém (Devocionário da Santíssima Trindade).

Além disso, onde está o "V", a pessoa que conduz o momento fala em voz alta, e os participantes respondem juntos a frase do "R", como exemplo: "V- Bendigamos ao Pai, ao Filho e ao Espírito Santo. R- Louvemo-lo e exal-temo-lo em todos os séculos. Amém".

Em continuidade, é feita a última oração, como forma de agradecimento pelas graças alcançadas, assim como o momento de reunião de devotos.

Senhor Deus, Uno e Trino, dai-nos continuamente vossa graça, vossa caridade e a vossa comunicação para que no tempo e na eternidade vos amemos e glorifiquemos, Deus Pai, Deus Filho e Deus Espírito Santo, um só DEUS por todos os séculos dos séculos. Amém (Devocionário da Santíssima Trindade).

Na parte final do rito, é rezado o Louvor à Santíssima Trindade, que também é conduzida por uma pessoa e respondida pelos participantes:

V. Pai eterno, onipotente Deus

R. Toda criatura vos ame e glorifique

Verbo Divino, imenso Deus! Toda criatura vos ame e glorifique!

Espírito Santo, infinito Deus. Toda Criatura vos ame e glo-rifique (Devocionário da Santíssima Trindade).

Dessa forma, seguem até o 14º verso seguido do louvor com a mesma resposta, pois, a partir do 15º até o 34º verso, a resposta dos participantes é modificada para "Livrai nos Trino senhor". Todos os versos do louvor são diferentes, mas são lidos em forma de preces à Santíssima Trindade.

Em sequência ao louvor, do 34º verso até o 42º, a resposta proferida é "Rogamos-vos, ouvi-nos". Após esses últimos versos, é rezada a jaculatória três vezes: "Deus Santo, Deus Forte, Deus Imortal, Livrai-nos Senhor, de todo mal". As três repetições seguem o padrão ensinado dessa oração e faz referência às três pessoas da Santíssima Trindade.

Para finalizar o Santo Triságio Angélico, é feito um momento solene com o objeto sagrado da Santíssima Trindade. Todos os devotos ficam de pé novamente, sempre com o olhar fixo na imagem no altar, e, com ajuda de um violão e dos demais instrumentos musicais, é cantado em coro a cântico:

"Vamos Cantar a Divina". Este faz parte do hinário e está na página 16 do devocionário, o que todos os devotos podem acompanhar.

1. Vamos cantar a Divina,/ que agora mesmo lembrou, (bis) Louvada seja a senhora,/ mãe de nosso redentor.

2. Cheguem, cheguem os devotos,/ cheguem depressa a beijar, Beijar a Santíssima Trindade, / que está posta no altar no altar (bis)

3. Entre duas velas acesas,/ eu vejo um pombo voando (bis) É a Santíssima Trindade,/ que está nos abençoando (bis)

4. Que é aquilo que ali vejo,/ coberto de manto e véu (bis) É a Santíssima Trindade,/ que vem descendo do Céu (bis)

5. Os anjos foram ao jardim, para acolher as noves rosas, Três brancas e três encarnadas,/ três amarelas e cheirosas.

6. Lá vem um pombo voando,/ lado a lado do nascente, É a Santíssima Trindade, Trindade dos inocentes.

7. Pombinha se tu soubesses,/ quinta-feira da ascensão, Não comia e nem bebia,/ nem cruzava os pés do chão.

8. Três palavras disse a virgem,/ quando viu este menino, Vem cá meu pombo de ouro,/ meu sacramento divino.

9. Na bandeira estandarte,/ eu vejo um pombo pintado, Na bandeira branca eu vejo,/ Jesus cristo retratado.

10. Devoto que é devoto,/ Se conhece no beijar, Não só beija na fita,/ Beija também o imperial

11. O pombo desceu do céu,/ nos trouxe a pena da guia, Santíssima Trindade,/ encerra a vossa folia (Devocionário da Santíssima Trindade).

Participando desse momento tocando violão, pude observar que esse cântico é a forma de expressão de crença mais forte durante todo o rito. As sensações a partir de cada verso cantado junto de todos os devotos participantes são de muita felicidade e gratidão por todas as bênções alcançadas por intermédio da Santíssima Trindade.

Durante o entoar do "Vamos Cantar a Divina", os devotos ficam todos em pé e vão se preparando em grupos de famílias, para ir até ao objeto sagrado

"VAMOS CANTAR A DIVINA": OS FESTEJOS DA SANTÍSSIMA TRINDADE EM MANAUS

da Santíssima Trindade para fazer sua reverência e ter por alguns minutos um momento de intimidade com o Deus Trino. Dessa forma, os devotos se prostam diante do objeto sagrado e colocam as fitas sobre suas cabeças em forma de proteção. Assim, segue o rito com repetições de todo o cântico até que todos tenham ido até a Santíssima Trindade expressar sua devoção.

Essa descrição da realização do triságio é do modo tradicional como ocorre, baseado no devocionário que é utilizado como guia para as orações a serem realizadas. Portanto, nos encontros mensais, é feita a leitura bíblica do Evangelho do dia e partilhado o sermão para todos os presentes. Nas três noites de encontro que antecedem o dia da Santíssima Trindade, acrescenta-se somente as temáticas e pregações referentes ao festejo, com momentos de animação e louvor.

4. AS FITAS, OS CONTINENTES E OS MILAGRES DA SANTÍSSIMA TRINDADE

As fitas da Santíssima Trindade são divididas em cinco cores, cada uma simbolizando um continente. A ideia dos continentes aos festejos foi idealizada por Maria Cleide Tenório: *"o continente é uma comunidade pequena, porque eles têm um objetivo em comum voltado para a devoção da Santíssima Trindade"*.

A inspiração das cores é do terço missionário, formado por cinco dezenas, representando os continentes do planeta Terra. Portanto, na Santíssima Trindade, o Europeu é o branco; o Asiático é o amarelo; o Africano é o vermelho; a Oceania é o verde; o Americano (Norte, Sul e Central) é o azul. Além disso, os continentes da Santíssima Trindade são divididos em grupos de família. Essa divisão não é feita de forma aleatória, pois, com o passar dos anos, muitos devotos vão casando-se com membros familiares dos respectivos continentes, ou novos devotos, sendo amigos vão conhecendo os festejos da Santíssima Trindade e, a partir disso, vão agregando aos grupos. As relações sociais entre os devotos são construídas a partir de uma rede de contato familiar, com os testemunhos relacionados à Santíssima Trindade, seja nas novenas, seja no triságio e nos festejos, e assim vão agregando aos continentes. Além disso, cabe a cada um dos devotos escolher qual continente fazer parte, seja por afinidade, seja por relação de amizade ou familiar, ou, até mesmo, por um chamado divino da Santíssima Trindade para determinado continente.

Diante dessa descrição, Maria Cleide Tenório relata que a inspiração para introduzir esses dois elementos nos festejos da Santíssima Trindade foi baseada no anseio de ser missionária e levar o Evangelho para todos os cantos do planeta.

> *No meu coração desde criança, eu senti o chamado de ser missionária. Essa palavra missionária está muito dentro de mim, e quando eu aprendi que no terço missionário as cores eram o verde, o branco, azul, amarelo e o vermelho, aí eu disse: Ah, eu vou botar essas cores na fita da Santíssima Trindade, porque vai ficar bonito, vai ficar bem colorido. Então eu comecei a colocar essas cores, e fui divulgando timidamente e depois nós introduzimos os continentes, já que nós somos missionários, então nós vamos usar também a terminologia dos continentes da missão. Então nós começamos a fazer. Na festa nós temos os grupos que são dos continentes. Cada continente ele quer fazer o melhor* (Maria Cleide Tenório, 2022).

Há de se fazer referência também à relação dos continentes dos festejos da Santíssima Trindade sobre a vinda do Espírito Santo sobre a humanidade para o anúncio do Evangelho a todos os povos, como a passagem bíblica em At. 1, 8: "Mas descerá sobre vós o Espírito Santo e vos dará força; e sereis minhas testemunhas em Jerusalém, em toda a Judeia e Samaria e até os confins do mundo". Neste contexto, At. 13, 47 cita: "Porque o Senhor assim no-lo mandou: Eu te estabeleci para seres luz das nações, e levares a salvação até os confins da terra". Ambas as citações bíblicas embasam o anseio missionário por meio da inspiração da terceira pessoa da Santíssima Trindade para se entender os continentes dentro dos festejos.

Outro ponto importante sobre as fitas da Santíssima Trindade são os milagres e as formas que os pedidos são feitos, assim como as ofertas de fitas durante as novenas. Durante esses momentos, é essencial para os devotos beijar as fitas primeiramente, pois é como se fosse a representação de uma ligação entre eles e o Deus Trino.

> *Quando nós vamos beijar a Santíssima Trindade, o primeiro passo é você beijar as fitas, a devoção onde você se curva, você se dobra ao poder da Santíssima Trindade, você tá diante da autoridade máxima do céu. Então você se dobra, você se rende em agradecimento, em louvor, em exaltação, e quando nós conhecemos, nós conhecemos a imagem. Ela tinha algumas fitas de algumas cores. Mas quando a gente faz as novenas, nós vamos falando e divulgando as bênçãos que a Santíssima Trindade faz*

> *em determinadas famílias, como faz na nossa família. E isso vai contagiando porque as palavras convencem, mas o testemunho, ele arrasta. Então através do testemunho de um, de dois, de três, as pessoas vão se contagiando, e então vão acreditando no poder da Santíssima Trindade. As pessoas que estão desempregadas, doenças graves, desajustamento familiar, família desagregada, então todas as situações, que cada família, eles colocam aos pés da Santíssima Trindade* (Maria Cleide Tenório, 2022).

Os testemunhos nas novenas de milagres concedidos por meio das fitas da Santíssima Trindade são elementos que também atraem mais pessoas aos festejos. A partir disso, observa-se um crescimento anual de devotos participantes e um número maior de famílias que pedem a realização das novenas em suas casas. Em todos esses encontros, Maria Cleide Tenório explica os significados das fitas e toda devoção à Trindade.

Como parte disso, há as ofertas de fitas nas novenas que ocorre todos os anos, em forma de pedido ou gratidão a uma graça alcançada pelo devoto. No momento do cântico "Vamos Cantar a Divina", os devotos vão até a Santíssima Trindade após realizarem suas orações e seus pedidos ajoelhados em frente ao objeto, fazem a entrega das fitas, deixando amarradas debaixo do pombo imperial.

As fitas normalmente oferecidas como pedido ou agradecimento são medidas em altura para quem se está pedindo intercessão – por exemplo, do tamanho de um devoto que precisa de um milagre.

> *Na caminhada da fé, ela (a Santíssima Trindade) vem com muitas fitas, de todos os tamanhos, porque é altura de criança, de adolescente, de jovem, de idoso, de adulto, então ela vem com muitas fitas, de todos os tamanhos e com muitas cores de todos os continentes* (Maria Cleide Tenório, 2022).

Para exemplificar a relação da crença e do rito associados ao milagre, sobretudo da Santíssima Trindade, alguns devotos atribuem esse sentido apresentado como fruto das expressões da devoção ao Deus Trino.

Nesse sentido, a partir da discussão Durkheim sobre a crença e o rito, há também a relação entre o sagrado e profano. Durkheim (1996, p. 19) apresenta ambos como traço distintivo do pensamento religioso: as crenças, os mitos, os gnomos e as lendas são representações ou sistemas de representações que exprimem a natureza das coisas sagradas. Assim também representam as virtudes e os poderes que lhes são atribuídos, sua história, suas relações mútuas e com as coisas profundas.

A partir disso, Durkheim (1996, p. 19) explica que:

> Todas as crenças religiosas conhecidas, sejam simples ou complexas, apresentam um mesmo caráter comum: supõem uma classificação das coisas, reais ou ideais, que os homens concebem, em duas classes, em dois gêneros opostos, designados geralmente por dois termos distintos que as palavras profano e sagrado traduzem bastante bem.

A coisa sagrada apontada por Durkheim é nada mais do que a associação do milagre à crença, nesse caso, à Santíssima Trindade, por meio dos ritos ou até mesmo do objeto que representa o Deus Trino e as suas fitas.

Em paralelo ao milagre e à crença como parte da religião, Marcel Mauss (2003) discute a magia, em que define como objeto de crença. Portanto, assim como a magia é mais real que suas partes, assim também a crença na magia em geral é mais enraizada que aquela da qual seus elementos são o objeto (MAUSS, 2003, p. 126). Para Mauss (2003, p. 126), a magia, como a religião, é um bloco, que nela se crê ou não se crê.

Nesse sentido, Mauss (2003, p. 121) aponta que a crença comum na força mágica de um ser espiritual supõe sempre que ele provou, aos olhos do público, seu valor, mediante milagres ou atos eficazes.

Diante dessa discussão de Mauss (2003) sobre os respectivos campos antagônicos de compreensão, magia e religião, apresento a seguir relatos feitos por devotos da Santíssima Trindade com atribuição de milagres com pedidos feitos diretamente ao objeto que representa o Deus Trino, em uma expressão de devoção por meio de um rito.

Três casos milagrosos testemunhado pelo devoto Mario Jorge Mendes da Silva, 61 anos, ocorreram durante o Santo Triságio Angélico, na Igreja Santa Catarina de Sena, com um pedido em um pedaço de papel escrito pela sua filha mais nova, Rosileuda Viana, que, na época, tinha 7 anos de idade.

> *Na época que eu tava desempregado, minha filha era pequena, a Leuda, na época eu tava desempregado e a gente tava passando por muita dificuldade e na festa da Santíssima Trindade, tem aquela caixinha que as pessoas colocam seus pedidos e a Leuda colocou lá pedindo a Santíssima Trindade que me arrumasse um trabalho e poucos dias depois surgiu uma oportunidade pra mim, quando eu comecei a trabalhar e foi quando eu arrumei esse trabalho que eu tô na Moto Honda até hoje. E eu atribuí isso a um pedido muito especial da minha filha [...] acho que ela tinha uns seis, sete anos de idade. Isso foi durante o Triságio, lá na Igreja Sant Catarina*

de Sena, e isso aí foi uma grande bênção, um grande milagre da Santíssima Trindade na minha vida (Mario Jorge Mendes, 2022).

Outro relato de Mario Jorge Mendes é relacionado à novena da Santíssima Trindade, o que ele atribui como segundo milagre na sua vida. Na época, o devoto enfrentava um quadro de problema de pedras nos rins, quando chegou a ir a um hospital, mas não precisou de intervenção cirúrgica.

Eu tive um problema de pedra no rim. Eu comecei a sentir umas dores, então uma noite aqui em casa, eu senti muita dor, que eu rolava da cama de um lado pro outro, e na época nem telefone a gente tinha. Isso era umas 2h da madrugada, e os meninos eram adolescentes, ligaram pro orelhão, pro meu irmão, me levaram pro hospital e fui pro médico pro hospital, e de manhã quando acordei, que eles me deram uma medicação que eu dormi, e amanheci sem dor. O médico disse pra mim que poderia ser pedra no rim, e que eu procurasse um urologista. Esse urologista disse que eu viesse pra casa, que eu tomasse a medicação, tomasse bastante líquido e no dia da nossa novena da Santíssima Trindade aqui em casa, eu fui no banheiro já depois da novena, e eu senti quando expeli a pedra naquele dia, depois do momento de oração. E eu disse a Santíssima Trindade que tava acontecendo comigo, aí fui pro banheiro, quando fui fazer xixi, eu expeli essa pedra [...] E desde lá graças a Deus nunca mais senti nada. E eu expeli sem dor (Mario Jorge Mendes, 2022).

A esposa de Mario Jorge Mendes, Rosileuda Viana, também devota da Santíssima Trindade, atribui a cura de seu esposo um milagre do Deus Trino. O pedido foi feito após um infarto que levou à internação, cirurgia e a complicações no pós-cirúrgico de Mário Mendes. A expressão de crença e devoção relatada por Rosileuda Viana ocorreu em um momento de intimidade ainda no hospital, pedindo um milagre à Santíssima Trindade e fazendo uma promessa de devoto, caso fosse concedida a graça a seu marido doente.

Esse tipo de relato apresenta também a relação entre o sagrado e o profano, conforme Durkheim (1996), pois a coisa sagrada é, por excelência, aquela que o profano não deve e não pode impunemente tocar. Portanto, "essa interdição não poderia chegar ao ponto de tornar impossível toda comunicação entre dois mundos, pois, se o profano não pudesse de maneira nenhuma entrar na relação com o sagrado, este nada serviria" (DURKHEIM, 1996, p. 24).

Segundo o relato de Rosileuda Viana:

> *No dia 28 de fevereiro* [de 2022], *[...] ele passou mal aqui em casa, ele não queria ir pro hospital, queria tomar um relaxante muscular porque achava que era uma dor muscular. E aí nós fomos pro hospital e quando chegou lá, assim que ele fez o exame, a médica já disse que ele tava infartando, que ele não poder fazer movimento nenhum a partir daquele momento. E ele ficou lá internado, e naquele momento que o médico disse que ele ia ter que ficar lá, que ele tava infartando, eu entreguei assim nas mãos da Santíssima Trindade e que ela estivesse com ele, que estivesse com a gente nesse momento. Até então a gente não sabia da gravidade do problema, a gente sabia que ele tava infartando e que ia ter que cuidar, mas não sabíamos que ele ia fazer a cirurgia, não sabíamos nada disso. E quando foi no outro dia de manhã, que ele foi fazer o cateterismo, tava cinco artérias que estavam entupidas, foi quando o médico chegou e disse que ele ia ter que fazer a cirurgia, ele tinha conseguido desobstruir duas artérias, uma não teve mais jeito, e duas ele ia ter que fazer a ponte de safena. E aí que eu fiquei muito assustada, a gente acha que vai acontecer com todo mundo, menos com a gente [...] E aí eu pedi pra Santíssima Trindade: oh, Santíssima Trindade nós precisamos de um milagre na nossa vida, eu sabia sim que a Santíssima Trindade estava precisando de um ostensório e eu prometi, assim que o Mário saísse, na festa da Santíssima Trindade a gente ia dar o ostensório pra ela. E pra honra e glória da Santíssima Trindade, ele tá aqui, e como até o médico, quando nós fomos na última consulta com ele, ele disse que ele é um milagre de Deus, porque por tudo que ele passou, no pós-cirúrgico ele teve hemorragia, ele teve derrame pleural, ele pegou pneumonia, ele teve três parada cardíaca, o rim dele tava paralisando e graças a Deus a gente tá aqui hoje pra testemunhar esse milagre da Santíssima Trindade* (Rosileuda Viana, 2022).

Há dois conceitos mencionados por Durkheim (1996, p. 24), do sagrado e profano, nas coisas: "as coisas sagradas são aquelas que as proibições protegem e isolam; as coisas profanas, aquelas que se aplicam essas proibições e que devem permanecer a distância das primeiras".

A coroa da Santíssima Trindade e suas fitas milagrosas podem estar ligadas diretamente à relação entre sagrado e profano, entre uma "coisa" que as proibições e os limites da comunidade são criados como forma de proteção ao valor do objeto, e o profano por reunir elementos do catolicismo popular, a ser discutido no segundo capítulo, ao redor do que poderiam configurar, dessa maneira, a permissão de tocar, festejar e expressar demais manifestações religiosas.

Nesse sentido, Mircea Eliade (2018, p. 17) aponta que "o homem toma conhecimento do sagrado porque este se manifesta, se mostra como algo absolutamente diferente do profano". Entende-se, a partir deste ponto, como as práticas dos devotos participantes nos ritos dos festejos da Santíssima Trindade revelam-se como hierofania e exprimem que algo de sagrado nos revela.

Para exemplificar, Eliade (2018, p. 17) se baseia em como "a manifestação do sagrado num objeto qualquer, uma pedra ou uma arvore – e até a hierofania suprema, que é para um cristão, a encarnação de Deus em Jesus Cristo".

Nesse sentido, qualquer objeto, como é o caso de a Santíssima Trindade e suas manifestações encontrarem-se "diante do mesmo ato misterioso: a manifestação de algo "de ordem diferente – de uma realidade que não pertence ao nosso mundo – em objetos que fazem parte integrante do nosso mundo 'natural', 'profano'" (ELIADE, 2018, p. 17).

Para compreender melhor, o objeto em questão tem uma relação entre sagrado e profano por representar conceitualmente o poder da Coroa Portuguesa e a referência ao Divino Espírito Santo. No entanto, o objeto da Santíssima Trindade nesta pesquisa não faz parte do altar da Igreja Católica, como as imagens em gesso presentes dentro dos templos católicos. Apesar disso, há respeito por esse objeto "sagrado" por meio do sinal da cruz, da reverência, do beijar das fitas e de todas as expressões de devoção nos ritos dos festejos da Santíssima Trindade.

Em contraponto, Eliade (2018) mostra a inconformidade do homem ocidental moderno perante manifestações do sagrado e, principalmente, por existirem seres humanos crentes no que se revela em pedras ou árvores, ou seja, objetos sagrados. Entretanto, a veneração ao objeto sagrado não é feita, por exemplo, com um olhar fixo à coroa do Divino coberta por fitas de cores diferentes e um pombo imperial à mostra, mas sim pelo que ela revela, o Deus Uno e Trino, a realeza do céu. Por isso, essa manifestação é uma hierofania por revelar algo sagrado. Aquilo que está por de trás do objeto, o sobrenatural, é mais importante aos devotos participantes dos festejos. Com base nisso, Eliade (2018, p. 18) define que "manifestando o sagrado, um objeto qualquer torna-se outra coisa e, contudo, continua a ser ele mesmo, porque continua a participar do meio cósmico envolvente".

A exemplo da definição de Mircea Eliade (2018), a expressão da devoção à coroa da Santíssima Trindade e às fitas ocorre por meio da reverência, do beijo, dos abraços, do sinal de genuflexão ao Deus Trino, que mostram também o significado do sagrado. E ao tratar sobre sinal da cruz, além de ser um rito de grande importância na tradição católica, revela, a partir da relação dos devotos da Trindade nos festejos, uma senha para entrada no sobrenatural, no universo do sagrado. É um gesto simbólico e simples, mas, do ponto de vista do observador, que coloca o devoto no caminho após a porta de entrada de outro plano. Ao traçar sobre o corpo o Pai, o filho e o Espírito Santo, um formato de cruz, o devoto reconhece Deus em três pessoas, reforça o dogma trinitário e passa a compor o mesmo plano sagrado e particular entre os devotos participantes nos festejos.

> *A Coroa, a minha fé, ela é isso, a gente acredita que ela é o Deus vivo pra nós. Então todo legado, tudo que a gente faz, toda devoção, todo fervor que a gente tem, por essa devoção a gente se dirige a imagem, porque é isso que ela representa pra gente. Eu particularmente considero assim. E nós caboclos, o nosso olho é o nosso toque, porque se a gente não tocar é como se a gente não tivesse vendo. Então beijar a fita, beijar o pombo, abraçar a coroa, é isso, é esse toque especial, que nós nos dedicamos, que nós nos colocamos, que estamos abraçando, estamos beijando o Deus Trino* (Maria Cleide Tenório, 2022).

Além desse aspecto exprimido no objeto que representa a Santíssima Trindade aos devotos, existem as crenças religiosas como representações que exprimem natureza das coisas sagradas e as relações que elas mantêm, de acordo com Durkheim (1996, p. 24), seja entre si, seja com as coisas profanas. No caso das manifestações da Santíssima Trindade, os ritos seriam as regras de conduta do comportamento com o que é sagrado, ou seja, a coroa e as fitas da Santíssima Trindade como maior símbolo dessas manifestações.

Dessa forma, Durkheim (1996, p. 25) afirma que "cada grupo homogêneo de coisas sagradas, ou mesmo cada coisa sagrada de alguma importância, constitui um centro organizador em torno do qual gravita um grupo de crenças e de ritos, um culto particular". Por isso, não há religião, por mais unitária que seja, que não reconheça uma pluralidade de coisas sagradas.

Conforme Durkheim (1996), as crenças propriamente religiosas são sempre comuns a uma coletividade determinada, que declara aderir a elas e praticar os ritos que lhes são solidários. Portanto, os membros dessa coletividade que praticam os ritos a partir da crença religiosa constroem o seu próprio sistema e fazem sua unidade. Como é o caso da Santíssima Trindade, que, no entorno de um artefato, seus devotos desenvolvem à sua maneira as formas de expressão de crenças.

Por isso, os indivíduos que compõem a coletividade da crença religiosa sentem-se ligados uns aos outros por uma fé comum (DURKHEIM, 1996, p. 28). Assim, pode-se configurar a comunidade de devotos, vocacionados e futuros leigos consagrados que expressam sua fé à Santíssima Trindade.

Durkheim (1996) discute que onde quer que observemos uma vida religiosa, ela tem por substrato um grupo definido. Dessa forma, os indivíduos que estão envolvidos com as manifestações da Santíssima Trindade constatam que, mesmo os cultos ditos privados, como o culto doméstico ou culto corporativo, satisfazem essa condição, pois são sempre celebrados por uma coletividade: a família ou a corporação (DURKHEIM, 1996, p. 28).

Em suma, Durkheim (1996, p. 32) define que a "religião é um sistema solidário de crenças e de práticas relativas a coisas sagradas, isto é, separadas, proibidas, crenças e práticas que reúnem numa mesma comunidade moral, chamada igreja, todos aqueles que a ela aderem".

5. FOLIA DA SANTÍSSIMA TRINDADE EM MANAUS

Com o passar dos 37 anos de festejos da Santíssima Trindade em Manaus, a folia passou a ser devidamente mais elaborada por Maria Cleide Tenório e os devotos, a exemplo do sábado com a noite de louvor e do domingo festivo.

Dentro do festejo, a folia é um elemento a ser destacado, que, segundo Cascudo (2012, p. 305), com o passar do tempo, se fixou, tomando características, épocas, modos típicos, diferenciadores. Conforme o folclorista, a folia "é um grupo de homens, usando símbolos devocionais, acompanhando com cantos o ciclo do Divino Espírito Santo, festejando-lhe a véspera e participando do dia votivo" (CASCUDO, 2012, p. 305). Cascudo (2012), ao citar Jaime Lopes Dias e sua obra *Etnografia da Beira* (1944), mostra que a folia é uma espécie de confraria, meio sagrada, meio profana, instituída para implorar a proteção divina.

Dentro do festejo da Santíssima Trindade, a folia ocorre no sábado festivo, quando inicia com uma alvorada de celebração pelas ruas do bairro de Petrópolis, na área Missionária Santa Catarina de Sena. A partir das 6 horas, os devotos, divididos em numerosos veículos, trafegam pelas proximidades do local onde é realizada a festa.

Nesse momento, a Santíssima Trindade é levada pelo festeiro, junto dos guardiões com as bandeiras da Santíssima Trindade, em um carro aberto passando em frente às casas de devotos, que fazem parte dos continentes, que, durante o trajeto, saúdam com bandeiras referentes à cor do seu continente. Em outro veículo à frente, o juiz do mastro segue ao lado da imagem de Nossa Senhora da Piedade. No trajeto, os devotos param para celebrar e venerar a Trindade.

> *Nós começamos com uma alvorada, ao amanhecer, com uma alvorada festiva, com fogos, som, e em seguida nós saímos em carreata com duas imagens. Com a imagem de Nossa Senhora que nos acompanha em todas as novenas. Então nós levamos a imagem no primeiro carro, que ela vai a frente e o segundo onde vai a imagem da Santíssima Trindade, e as bandeiras justamente com os guardiões. As vezes vai o festeiro e juiz do mastro, junto com os guardiões. Então ela percorre, as ruas principais do bairro, as vezes por comunidades da área missionária, e a gente encerra com testemunhos* (Maria Cleide Tenório, 2022).

A carreata anualmente termina na área externa da Igreja de Santa Catarina de Sena, onde o festeiro, o juiz do mastro e todos os devotos fazem um grande círculo, e todos de mãos dadas realizam orações pessoais proferindo suas próprias palavras de agradecimento à Santíssima Trindade, sobretudo referente aos festejos de mais um ano. Além disso, são dados os testemunhos de devotos, que normalmente são escolhidos de uma família que recebe as novenas.

Logo após, é realizado um café regional partilhado entre os devotos. Esse encontro é feito na sede da comunidade católica Santíssima Trindade. Os itens para o dejejum são doados pelos continentes, ou seja, famílias de devotos que participam ativamente durante todo o festejo.

Depois do café partilhado da Santíssima Trindade, Maria Cleide relata que os membros dos continentes são divididos em várias equipes, principalmente de ornamentações do local para a noite de louvor e o dia da festa. Portanto, as atividades seguem ao longo do dia, com os devotos que se dividem em grupos para ornamentação do local para a noite de louvor e da igreja para a missa dominical de celebração à Trindade. Dessa forma, todos os anos, são erguidas bandeirolas, como em arraiais de santos, confeccionadas pelos próprios devotos, que são feitas ao longo de semanas antes da festa. Além disso, são utilizados um palco, serviço de sonorização e iluminação para a noite de louvor. O local também conta com barracas de comidas e bebidas para os participantes sob a responsabilidade do grupo Juventude Trina. No mesmo ambiente, é ornamentado um altar com tecidos de cetim para receber a Santíssima Trindade.

Dentro da igreja, um grupo de devotos ou uma família confecciona o andor para a caminhada penitencial no domingo, assim como ornamenta todo o local para a missa, com diversas flores naturais, sendo muitos tipos de rosas e banners com fotos de alguns dos primeiros devotos, quando os festejos iniciaram na Barreira do Andirá.

Durante todo o dia de sábado, o mastro de frutas e mastro das crianças são preparados pelo juiz do mastro e outro grupo de devotos ajudantes, com o ensacamento das frutas para o mastro maior, bem como brinquedos e doces ao menor. Esses preparativos são feitos, sobretudo, na sede onde fica guardada a Santíssima Trindade.

> *Cada continente, os seus membros, estão em várias equipes da festa. Por exemplo a gente sai do café da manhã festivo, e já vai trabalhar. A equipe de ornamentação da igreja, a equipe de ornamentação do andor, e a equipe de ornamentação do mastro, e a equipe de ornamentação da área. Na sexta-feira a noite nós estendemos as bandeirolas com as cores dos continentes em toda área, porque é onde vai ser a expressão de louvor, onde vai ser a festa. E aí já fica a maior animação, porque as pessoas querem ver as cores do seu continente, que vai levantando cor por cor. Então o sábado até as 16:30 tem que tá tudo prontinho, porque às 19h a concentração do juiz do mastro. Porque ele já ornamentou o mastro durante o dia, o mastro das crianças e o mastro principal* (Maria Cleide Tenório, 2022).

Com o término de todas as atividades de preparação até as 16:30 do sábado, os devotos retornam às suas casas para se arrumarem e às 18 horas iniciarem a concentração para a expressão de louvor dos continentes.

Figura 6 – Sábado da noite de louvor

Fonte: reprodução/acessado em agosto de 2022 no Facebook https://www.facebook.com/com.santisimatrindade/photos/pb.100064317027069.-2207520000/1026454290895016/?type=3

Um portal confeccionado pelos devotos fica disposto próximo da entrada da igreja, onde todos os devotos ficam à espera da chamada do animador da noite para que se inicie a expressão de louvor e toda programação religiosa. Logo após, é feita a entronização dos mastros das frutas e das crianças. Para os devotos, trata-se de um momento especial e da maior oferta de todo o festejo desde o início, com a caminhada da fé.

A partir disso, Maria Cleide Tenório explica como ocorre a entronização e o significado do que é o mastro da Santíssima Trindade.

> Às 18h nós fazemos a entronização do mastro e da Santíssima Trindade. O mastro ele vai pra área, carregado, geralmente é carregado pela família do juiz ou da juíza do mastro, que fazem questão de carregar o mastro. A gente leva o mastro pra área da Igreja e depois deixamos lá um pouco, fazemos a entronização de Nossa Senhora, e da imagem [da Santíssima Trindade]. *Quando a imagem da Trindade chega na área,*

> *ela vai até o mastro, ela é elevada até o mastro pra receber do juiz do mastro, a sua doação, o seu louvor, o seu agradecimento, toda fé, toda devoção está expressada no mastro* (Maria Cleide Tenório, 2022).

Com a chegada dos mastros ao local e o posicionamento para erguer, é feita a aspersão de água benta no mastro por Maria Cleide Tenório, assim como é conduzido o momento de louvor para que seja erguido pelos devotos com várias cordas, uma escada de suporte, que normalmente são seguradas pelos devotos familiares do juiz ou da juíza do mastro.

> *Nós vamos para um momento que é muito importante pra nós, que é o momento do mastro. Então como o mastro, ele pesa porque carrega muitas frutas. Outras coisas que o festeiro sentir no seu coração, ele coloca. Então é toda uma logística para erguer esse mastro. São colocados cabos fortes, e pessoas em pontos estratégicos para que o mastro não tombe, nem pra direita, nem pra esquerda, nem pra frente, nem pra trás. Ele tem que levantar e ser colocado no buraco que a gente faz. Ele tem que cair reto. Então é um momento de muita tensão também, e é onde nós rezamos, nós cantamos, fazemos a entrega, e é muito lindo, porque a gente percebe que não há Deus maior, do que o nosso Deus. Quando a gente ergue o mastro, todo mundo canta esse hino, essa música, nós adotamos essa música: Não há Deus maior, não há Deus melhor, não há Deus tão grande, como nosso Deus. Então nós fazemos dessa música a nossa oração, quando o mastro é erguido* (Maria Cleide Tenório, 2022).

A expressão de louvor inicia com a entronização da Santíssima Trindade, que é levada até um altar preparado para a noite de louvor. O festeiro ou a festeira carrega em suas mãos o objeto sagrado, com uma malha branca nos ombros, que se estende até as mãos para segurar a Santíssima Trindade. Logo depois, leva até o devido lugar, acompanhada de um cântico. Em seguida, os continentes entram um após o outro e se expressam cantando, louvando e pulando, e alguns dos devotos seguram estandartes com imagens de santos, bandeiras, outros adereços inseridos ano a ano, e um dos devotos é caracterizado por um santo da igreja em que o continente tem devoção e inspiração. Percebe-se que esse momento é característico das folias, onde reúnem dança, música e louvores para celebrar a Santíssima Trindade. Como encerramento da expressão de louvor, o festeiro ou a festeira fica em pé com a Trindade nas mãos, ao centro do círculo. Nesse momento, conforme o ano do festejo, é elaborado um teatro, acompanhado de um momento oracional, e, por fim, o ministério de música a postos no palco entoa uma canção, e todos os continentes realizam uma volta no entorno da área do festejo para celebrar a Santíssima Trindade.

> *Cada continente vai pra sua base e de acordo com o sorteio que é feito bem anterior, qual o continente que vai entrar primeiro, segundo, quarto, quinto. Então a gente faz um sorteio e o continente que foi sorteado pra entrar primeiro, ele já tá posicionado pra entrar. Então ele já tá com todos seus adereços, com sua música, com seu santo de devoção se durante a festa, ele vai representar algum santo. [...] E logo em seguida começa a expressão de louvor de cada continente (Maria Cleide Tenório, 2022).*

A entrada da imagem de Nossa Senhora das Graças, padroeira da Barreira do Andirá, é feita com um cântico específico voltado a Maria, mãe de Jesus. A presença da Virgem Maria no festejo é elementar e significativa, pois a própria Igreja Católica se posiciona formalmente no século V sobre os quatros dogmas de Maria: Mãe de Deus, a virgindade de Maria, Imaculada Conceição de Maria e Assunção de Maria. Nesse sentido teológico, o primeiro dogma é fundamental dentro da fé católica para a constituição dos demais, pois acreditar que Maria é Mãe da versão humana de Deus por uma ação do Espírito Santo é reforçar a máxima do cristianismo, que diz que "para Deus nada é impossível" (AZEVEDO, 2001, p. 190). Portanto, compreende-se que a virgem Maria e a Santíssima Trindade estão juntas, constituindo um dos principais cultos dentro da religião católica, sobretudo em destaque nos festejos, com a presença da imagem da Mãe de Deus em demais ritos.

Para exemplificar essa união, conforme a tradição da sagrada escritura, Maria concebeu do Espírito Santo, Jesus Cristo, o filho redentor, que é o verbo encarnado, ou seja, Deus Pai. Ambos formam a Santíssima Trindade.

Nesse momento, a parte musical da festa é feita no palco com um ministério de música, com violão, teclado, contrabaixo, bateria, gaita, guitarra e bandolim.

> *Depois de fazer aquela festa da chegada de cada continente, nós fazemos a entrada de Nossa Senhora, e ela vai acompanhada de muitos anjos. E os anjos são as nossas crianças, os filhos dos devotos de cada continente, e até de outros devotos que não estão inseridos nos continentes, mas que fazem parte e querem participar, e trazem seus filhos para serem anjos (Maria Cleide Tenório, 2022).*

Em preparação ao ápice da noite louvor, um pregador convidado conduz um momento oracional para que se inicie a adoração ao Santíssimo

Sacramento. Esse rito foi introduzido no festejo por volta de 2007. A primeira adoração foi feita pelo então seminarista Rui Canto, que, atualmente, é pároco da Igreja de São José, em Parintins, município da região do Baixo Amazonas.

> *Na época ele nos ajudava na comunidade Santa Catarina de Sena. A gente era coordenadora da comunidade, e a gente cuidada do Padre Rui, e ele nos ensinou e nos ajudou em muita coisa aqui na nossa comunidade. Então depois que ele se ordenou, em 2007, ele veio pra festa e então a gente começou a fazer justamente a adoração ao Santíssima Sacramento* (Maria Cleide Tenório, 2022).

Durante a preparação para a entrada do Santíssimo Sacramento, um grupo de dança do grupo de jovens da Santíssima Trindade, chamado Juventude Trina, faz uma apresentação sinalizando a chegada do momento de adoração. Em seguida, após a finalização da dança, é feito um corredor pelos dançarinos e devotos, com tochas acessas, e o pároco local vem caminhando em procissão com o ostensório com o Santíssimo nas mãos, acompanhado de um ministro da Eucaristia, alguns coroinhas e quatro devotos com pálio cobrindo o sacerdote e o Santíssimo.

> *Tem uma pessoa, um pregador que faz um querigma da festa, preparando para a chegada do Santíssima. Enquanto isso faz parte também a nossa juventude, que é a juventude trina, com seu ministério de Dança, a juventude vai lá e dança, com a música também inspirada na escolha do tema. Então essa equipe se prepara, mulheres quantos rapazes, homens, e fazem então uma dança muito bonita, sacra, para acolher o Santíssimo. Com isso os jovens, eles depois, cada um pega uma tocha, essa tocha ela é acesa, eles fazem um corredor, muito bonito fica, para que o Santíssimo ela sai da igreja e vai até onde a gente prepara, o trono pra receber o Santíssimo. Ele vem acompanhado, quem traz é um padre, e faz a adoração conosco* (Maria Cleide Tenório, 2022).

Quando termina a adoração, o padre retorna para a igreja com o Santíssimo Sacramento nas mãos, e, ao mesmo tempo, o ministério de música no palco toca cânticos em agradecimento e louvor, acompanhado de uma salva de palmas e fogos de artifícios.

Figura 7 – Adoração ao Santíssimo Sacramento

Fonte: reprodução/acessado em set. de 2022 no Facebook https://www.facebook.com/com.santisimatrindade/photos/pb.100064317027069.-2207520000/1026623640878081/?type=3

Com o encerramento da noite de louvor, duas equipes ficam de prontidão na igreja, sendo de ornamentação para a missa do domingo de manhã, que celebra a Santíssima Trindade. Os devotos ornam a igreja com flores e pétalas naturais dentro do templo religioso, constroem painéis, adereços em todo o espaço, para receber a Santíssima Trindade, bem como ocorrem os preparativos do andor para um dos primeiros ritos do dia seguinte. Na área externa da igreja, fica outro grupo de devotos, especialmente familiares do juiz ou da juíza do mastro, como vigilantes que se revezam, para que não sejam derrubados ou furtados as frutas e os demais itens.

De modo geral, o sentido da folia no festejo da Santíssima Trindade engloba todos os elementos de celebrações, na música, dança, teatro e nas demais expressões de alegria por meio dos devotos.

6. DOMINGO FESTIVO: O DIA DA SANTÍSSIMA TRINDADE

O Domingo da Santíssima Trindade inicia com as ladainhas, e logo após é feita a caminhada penitencial, que é um dos elementos inseridos nos festejos no processo de adaptação e mudança para Manaus.

> *A gente sai em caminhada penitencial, não é uma procissão, é uma caminhada penitencial. Nós levamos a imagem no andor, todos os continentes com carro de som, e nessa caminhada nós fazemos cinco paradas, são as cinco paradas dos cinco continentes. Cada parada é um continente que é responsável* (Maria Cleide Tenório, 2022).

Durante a peregrinação, cada estação aborda anualmente o tema e o lema da campanha fraternidade no ano vigente. Com relação a essa manifestação, a Igreja Católica não faz intervenções, pois os devotos, como leigos, seguem somente a missão de apresentar a temática.

Cada uma das estações é elaborada por determinado continente, onde ficam livres para desenvolver qualquer atividade dinâmica para representar o tema, com teatro, dança, música ou testemunho.

> *Nós fazemos os assuntos de acordo com o tema e lema da campanha da fraternidade do ano, que a gente tá vivendo a festa. Então a gente divide todo o texto básico da campanha da fraternidade, do ano vigente. E cada continente faz a sua parte. É muito bonito. E o continente tem a liberdade de criar, de como ele vai fazer a exposição daquele tema. Uns fazem mural. Uns fazem teatro, música. A criatividade fica por conta do continente, que só não pode deixar de fazer. Enquanto isso a caminhada vai seguindo fazendo as paradas, e também na caminhada, cada continente leva sua cor de bandeirinha. E fica uma caminhada bonita com carro de som, e devotos que vão oferecendo água, pras pessoas que estão na caminhada* (Maria Cleide Tenório, 2022).

A caminhada penitencial termina na Igreja de Santa Catarina de Sena, dando início à missa a partir do rito do Glória, que é dançado por crianças, que, em sua maioria, são filhos e filhas de devotos da Santíssima Trindade. Dessa forma, toda celebração é feita de forma solene e temática voltada ao festejo. Após a missa, ocorre o sorteio do festeiro e do juiz do mastro para o próximo ano, dando-se, assim, o encerramento.

> *Quando nós chegamos na Igreja, o ato penitencial já aconteceu na caminhada, porque que ela é uma caminhada penitencial, porque*

> *o ato penitencial acontece dentro da caminhada. Então quando nós chegamos na Igreja,* ela [a missa] já começa do glória. Aí podemos dizer assim, desde 2007, a gente saiu um pouco da questão litúrgica porque a gente percebe que a festa da santíssima trindade, ela é uma celebração solene, e dentro da nossa religiosidade popular, a gente foi introduzindo algumas coisas (Maria Cleide Tenório, 2022).

Os ritos da missa, em sua maioria, seguem a liturgia da Igreja Católica, mas com algumas características acrescentadas para a Santíssima Trindade. Por exemplo, a missa cabocla é realizada de forma alternada durante os anos, com cânticos voltados somente para a região amazônica. Maria Cleide reforça que as origens de sua família do interior do Amazonas são de uma forma rememoradas, sobretudo nos cânticos que falam sobre a vida no campo e de como era viver na roça. Além disso, a boa convivência com o pároco da época, Martin Lauman, permitia que esses elementos fossem introduzidos na celebração eucarística.

Ao longo dos anos, numerosos elementos dentro da missa foram desenvolvidos, como a leitura bíblica e o salmo cantado de forma memorizada, em que os leitores e o salmista escolhidos se caracterizam de Deus Pai, Filho e Espírito Santo. Nesse momento, as leituras eram proclamadas sem auxílio da Bíblia, ou de qualquer documento, e da mesma forma o salmista quando cantava o salmo. Após esse primeiro momento, como ato de aclamação, antes da leitura do Evangelho pelo sacerdote, uma das devotas da Santíssima Trindade faz a entrada da Bíblia dançando, acompanhada pelo ministério de música na igreja, que conduz a parte musical da celebração.

De forma tradicional, o padre realiza a homilia com base no Evangelho do dia e contextualizando na maioria das vezes a celebração do dia da Santíssima Trindade, que fica disposta próxima do altar, em seu andor, dentro da igreja.

Logo em seguida, é realizada a oração eucarística com o ofertório, em que os jovens da Santíssima Trindade fazem uma entrada na igreja oferecendo frutas em cestos, junto do pão e do vinho em referência ao Corpo e Sangue de Cristo, na comunhão que é realizada de forma tradicional.

Depois da comunhão, é feita a Ação de Graças, quando os jovens da Santíssima Trindade dançam uma música referente ao tema da festa. O momento é mais uma forma de agradecimento e expressão de devoção da juventude à Santíssima Trindade.

> *A gente dá muito apoio, muito valor nesse momento, porque o jovem fica o ano todo com preguiça espiritual, preguiça física, mas quando chega esse momento próximo da Santíssima Trindade, todo mundo acorda, todo mundo vem ensaiar, e é uma coisa muito bonita. Então eles procuram a roupa mais bonita pra que a dança se manifeste assim com tudo aquilo que a Santíssima Trindade representa pra nós, como sempre nós falamos, pra Santíssima Trindade tem que ser o melhor, não só no nosso interior, que nós precisamos confessar, precisamos estar muito bem pra viver esse momento* (Maria Cleide Tenório, 2022).

A missa encerra com a bênção do padre, os agradecimentos e o gesto concreto, que é um dinheiro arrecadado pelos devotos da Santíssima Trindade, direcionado em oferta à área missionária e aos serviços pastorais.

> *Antigamente nós podíamos fazer bingo, uma rifa, e o que rendesse, conseguisse arranjar era nosso gesto concreto e a gente oferecia pra comunidade Santa Catarina de Sena que nos acolhe muitos anos. Então a gente fazia a oferta pra que a comunidade usasse esse dinheiro pra suas necessidades dentro das pastorais* (Maria Cleide Tenório, 2022).

7. O FESTEIRO E O JUIZ DO MASTRO

Com o término da missa, dentro da igreja ou na área externa, é feito o sorteio do festeiro e juiz do mastro do próximo ano do festejo. Nesse momento, os devotos colocam seus nomes à disposição, em uma lista, de forma aleatória. Em seguida, dentro de um saco plástico, são colocados vários papéis em branco, e somente um com as palavras "Santíssima Trindade".

A partir disso, inicia o sorteio, ocasião em que o animador vai ditando o nome do devoto na lista, um após um, até que seja sorteado o festeiro e o juiz do mastro, quando o nome da pessoa for dito e o papel retirado for com os dizeres: Santíssima Trindade. Esse é o mesmo sistema feito separadamente para festeiro e juiz do mastro. Não há restrição com relação a concorrer ao mesmo tempo para os dois cargos, mas, caso aconteça, é necessário que o devoto cumpra com suas responsabilidades. Quando ocorre de o festeiro ou juiz do mastro não cumprir com sua função, a comunidade de devotos, sobretudo Maria Cleide Tenório, assume esse papel.

Após o sorteio, o festeiro se ajoelha em frente à Santíssima Trindade, e os guardiões cruzam as três bandeiras sob o escolhido, onde são feitas três batidas solenes no Bumbo ou na caixa da bateria, em forma de bênção especial para o novo festeiro. Com esse sinal, fica selado o comprometimento entre o escolhido com a Santíssima Trindade. Portanto, entre as obrigações do festeiro, está a de participar de todas as atividades realizadas ao longo do ano até o início dos festejos.

Figura 8 – Escolha da festeira e juíza do mastro do festejo de 2022

Fonte: o autor

"VAMOS CANTAR A DIVINA": OS FESTEJOS DA SANTÍSSIMA TRINDADE EM MANAUS

Nesse campo de responsabilidades do festeiro, podemos apontar a semelhança com o "imperador do Divino", que, segundo Etzel (1995), age como um soberano, é generoso e extravagante, reina durante um ano e termina seu reinado com festas de luxo e prodigalidade.

Sob esse peso de responsabilidades à semelhança de ambos, Machado (2014) diz que o imperador se trata do personagem mais notável da festa, que exercia a função de representar o Espírito Santo após a coroação, sendo eleito pela comunidade para organizar durante todo o ano a Festa do Divino.

Da mesma forma, o festeiro da Trindade é sorteado, como presidente da festa, cujo dever é arcar com todas as atividades, sobretudo financeira, destinadas aos recursos nas atividades sociais e religiosas. No entanto, devido ao crescimento exponencial do festejo em Manaus, com passar de mais de três décadas, atualmente o festeiro não assume sozinho o custo, contando com a ajuda dos devotos e de toda comunidade, assim como mobilizando ações para arrecadar fundos para as despesas dos festejos.

> Como a comunidade cresceu muito, os festejos numa proporção só pra uma pessoa assim que ganhasse muito dinheiro pra arcar com as despesas. Então nós devotos que somos vocacionados, nós entramos com uma parte das coisas que nós gostaríamos que acontecesse. E o festeiro tem liberdade de fazer movimentos pra ele conseguir também recursos. Algum evento social pra ele arrecadar dinheiro a gente também ajuda. O festeiro é essa pessoa que ele vai mobilizar, se ele precisa de ajuda, ele tem que falar e nós vamos ajudando na medida que podemos (Maria Cleide Tenório, 2022).

Seguindo a mesma dinâmica e as necessidades do festeiro da Santíssima Trindade, Mariano e Ambroziak (2021) assinalam que a realização das festas geralmente depende do apoio de rede de contatos dos imperadores – família, vizinhança e comunidade. Por outro lado, no Brasil, os imperadores, apesar de responderem pela organização dos festejos, não gozam de muita autonomia, ao contrário dos imperadores nos Açores. Dessa forma, seja na parte religiosa, seja na parte secular, eles são apresentados a um *script*, que deve ser seguido sem questionamentos (MARIANO; AMBROZIAK, 2021, p. 80).

Sobre o juiz do mastro, a figura representativa dele está ligada diretamente ao mastro de frutas da Santíssima Trindade, que, da mesma forma, no império do Divino, é um elemento de reverência e respeito (MACHADO, 2014).

Mariano e Ambroziak (2021) conceituam o mastro como um símbolo muito utilizado nas festas do Brasil, feito a partir de um tronco de árvore e decorado com uma pequena bandeira vermelha em sua extremidade. Da mesma forma que as Festas do Divino e da Santíssima Trindade, o mastro também serve para sinalizar o local de realização da festa (MARIANO; AMBROZIAK, 2021, p. 79).

Desde o primeiro festejo da Santíssima Trindade em Manaus, o mastro foi implementado como um sinal de agradecimento e oferta ao Deus Trino. Além disso, a oferta no mastro de frutas está voltada à história de Caim e Abel e suas entregas à Deus, narradas no livro de *Gênesis*, capítulo 4, da Bíblia Sagrada.

> *O mastro é uma madeira que se ergue cheio de frutas, carregado de frutas. As frutas simbolizam aquilo que Caim e Abel faziam lá no Antigo Testamento. O Caim ele dava todas as coisas ruins do campo dele, e o Abel dava as melhores frutas os melhores carneiros, tudo aquilo que ele produzia de bom. Então o nosso mastro, ele é isso, a gente oferece tudo que tem de melhor* (Maria Cleide Tenório, 2022).

As ofertas do mastro representam, sobretudo, tudo o que há de melhor, como Abel ofereceu a Deus. Dessa forma, Maria Cleide relata que "*o juiz do mastro vai se reservando pra que ele der o melhor mastro, é o melhor em altura, o melhor em fruta*".

Na ponta do mastro, há também uma bandeira vermelha hasteada, com um pombo branco ao centro simbolizando o Espírito Santo, assim como no Divino. Segundo Machado (2014), há uma bandeira feita de pano vermelho com a figura da pomba no centro; e na ponta do mastro, onde é fixada, encontra-se uma esfera com o pássaro em cima. Machado (2014) apresenta como elemento simbólico nas Festas do Divino no Brasil, possuindo um valor sagrado aos fiéis, fazendo com que os participantes a beijassem e alisassem em seu rosto, como sinal de devoção e proteção. Da mesma forma, Mariano e Ambroziak (2021, p. 75) também apresentam a bandeira como símbolo importante do Divino, sendo confeccionada em damasco de seda, na cor vermelha, geralmente ornada com franjas douradas e bordada com a simbologia do Espírito Santo.

Há cinco anos, a bandeira na ponta do mastro da Santíssima Trindade era grande cobiça dos devotos, pois a partir dela podia ser escolhido o novo juiz do mastro.

> *Antigamente quando nós começamos a escolha do juiz do mastro era uma pessoa que pegava a bandeira do mastro. Ela tinha*

> *sempre um prêmio na bandeira e a pessoa que pegava a bandeira será responsável de erguer o mastro na próxima festa, mas com o crescimento da festa, eram muitas pessoas, criava um tumulto na hora que o mastro era derrubado, então muitas pessoas queriam pegar a bandeira e ficava assim um tumulto* (Maria Cleide Tenório, 2022).

Além do café da manhã distribuído de forma gratuita, também é oferecido um almoço da Santíssima Trindade, no domingo, para encerrar todas as atividades sociais do festejo. Esse momento remonta às Festas do Espírito Santo nos Açores sobre a circulação cerimonial do alimento, que pode acontecer em forma de refeições, doações ou retribuições, e atinge dimensões bastante expressivas quando consideramos a quantidade de víveres distribuídos, bem como o grande número de pessoas (MEDINA, 2007). Dessa forma, todos os mantimentos são consumidos de forma gratuita, ajudando na socialização entre os participantes (MEDINA, 2007, p. 7), assim como no festejo da Santíssima Trindade em Manaus.

Observa-se, a partir disso, mais uma semelhança e referência dessa celebração com o Divino dos Açores, não somente pela coroa do Divino, mas pelas suas manifestações.

8.ESCOLHA DO TEMA DA FESTA E INSPIRAÇÕES: A ESCUTA DA SANTÍSSIMA TRINDADE

Todas as realizações da programação são feitas a partir de inspirações divinas, pelo Espírito Santo. Por exemplo, a escolha do tema da festa, que é realizada meses após os festejos, em setembro, na chácara Ternura da Santíssima Trindade, localizada no Val Paraíso, bairro Jorge Teixeira, Zona Leste de Manaus.

O encontro reúne, durante um fim de semana, o festeiro, o juiz do mastro e demais devotos e vocacionados da comunidade Católica Santíssima Trindade. Nesta reunião, são feitos momentos de oração, pedindo ao Espírito Santo a inspiração para todas as realizações a serem feitas no ano seguinte, sobretudo o tema da festa.

> *Nós não somos autossuficientes, nem algo de data para querermos fazer algo da nossa cabeça. Como nós somos obedientes, nós selecionamos um dia, um sábado ou domingo para nós nos recolhermos na nossa chácara, onde nós nos reunimos e rezamos pela intenção do tema. Como o Espírito Santo vais nos suscitar? o quê que ele quer? Como é que nós vamos louvar, bendizer, engradecer o nome do senhor? Com que palavra?* (Maria Cleide Tenório, 2022).

A programação para a escolha do tema inicia pela manhã com as orações de louvor à Santíssima Trindade, acompanhado de alguns dos ministros de música da Trindade. Nesse momento, são cantados alguns cânticos do Espírito Santo, seguidos de uma oração espontânea dos presentes, pedindo o discernimento e a palavra para o tema da festa. Após alguns minutos de oração, todos ficam em silencio para a escuta, e, por meio de uma passagem bíblica e das inspirações dos devotos, é feita a partilha em seguida. É nesse momento que cada um fala sobre suas inspirações dadas por intermédio do Espírito Santo. Após a escolha, os devotos acendem uma fogueira e jogam o papel com o tema da festa, e todos celebram ao redor, junto da Santíssima Trindade e das bandeiras.

Figura 9 – Escolha do tema da festa da Santíssima Trindade

Fonte: o autor

Depois desse momento de euforia, os devotos presentes retornam ao local de oração na chácara, onde, reunidos mais uma vez, iniciam os preparativos para os festejos do ano seguinte.

> [O Espírito Santo] *vai nos direcionando o que que ele quer na noite de louvor, o que ele quer na caminhada da fé. E a gente vai escutando o senhor e vai nos organizando, ao passo que ele nos dar como vai ser o portal, como vai ser a noite, dentro da nossa realidade, porque nós temos as crianças, nós temos a devoção a Nossa Senhora, nós temos os continentes, e cada continente faz sua expressão de louvor, mas é tudo direcionado na palavra para aquele ano, aquela festa* (Maria Cleide Tenório, 2022).

O momento de escuta para a escolha do tema é primordial para os devotos, pois a partir dali nasce todo o formato do festejo para o ano seguinte, sendo trabalhado de forma temática em todas as atividades religiosas. São as profecias ditas pelo Espírito Santo para os devotos presentes na reunião de oração que indicam o que deve ser feito, e, a partir disso, todos seguem as orientações dadas. No meio dos presentes, sempre há alguém com maior facilidade para juntar as palavras e, inspirado pela terceira pessoa da Santíssima Trindade, que acaba revelando a passagem bíblica utilizada para tema e lema do festejo.

> *Nós fazemos uma escuta, e o senhor fala através de profecias, ele fala pra gente, então a pessoa fala por exemplo: o senhor me mostrou um rio e vai falando naquela visualização que ele teve. Então o Espírito Santo já suscita em alguém. Se falou em rio, então de repente tá em João, no seu interior jorraram rios de água viva. E assim por diante, e você vai de acordo com a palavra de ciência que o Espírito Santo vai dando pras pessoas que estão ali em sintonia, rezando. E o senhor vai dando, e no meio de nós o Senhor suscita em alguém que tenha a facilidade de ir juntando as palavras, juntando as moções, as indicações e vai daqui a pouco nós temos o tema, direcionado com a palavra* (Maria Cleide Tenório, 2022).

Por fim, Maria Cleide afirma que *"tudo a gente escuta, a gente não faz nada da nossa cabeça, tudo é feito através da oração"*, pois o desenvolvimento dos festejos e a expressão de devoção à Santíssima Trindade não dependem somente dos devotos envolvidos, mas de uma inspiração e base espiritual reafirmada a cada encontro realizado ao longo dos anos.

Diante da descrição etnográfica sobre os processos desenvolvidos nos festejos da Santíssima Trindade, buscamos compreender como a vinda dos devotos para Manaus, saindo da Barreira do Andirá, do município de Barreirinha, do que se viveu em tempos passados, tem contribuído para intensificar as crenças e os ritos na Santíssima Trindade, bem como forma e estabelecimento de mecanismos voltados para a resolução de problemas vivenciados na grande cidade. Por exemplo, problemas de saúde, emprego, estabelecimento de relações sociais, entre vizinhança, como elementos de ajuda mútua, vínculos de amizade e demais relacionamentos entre os devotos.

CAPÍTULO III

OS FESTEJOS DA SANTÍSSIMA TRINDADE E AS RELAÇÕES COM A VIDA URBANA NA CIDADE DE MANAUS

1. O DIVINO E A SANTÍSSIMA TRINDADE COMO UMA FESTA BARROCA

Para compreender o *ethos* festivo do Divino e a Santíssima Trindade, é necessário apresentar o que é a festa. E partindo desse princípio, a historiadora Mary Del Priore (2000) afirma que a festa é também um fato político, religioso ou simbólico, ou seja, uma expressão teatral de uma organização social. As festas, portanto, têm uma função social que "permitem às crianças, aos jovens, aos espectadores e atores da festa introjetar valores e normas da vida coletiva, partilhar sentimentos coletivos e conhecimentos comunitários" (DEL PRIORE, 2000, p. 10).

As festas coloniais nasceram das formas de culto externo à divindade protetora por fins à proteção de plantações, realizadas em determinados tempos e locais. No entanto, com o advento do cristianismo, essas solenidades receberam nova roupagem: a Igreja determinou dias que fosse dedicado ao culto do Divino, com dias de festa, que formavam o ano eclesiástico (DEL PRIORE, 2000, p. 13).

As festas do "Divino", segundo Del Priore (2000), tentavam desde D. João I, em 1385, evitar o paganismo dos Maias, cantadas e dançadas pelas ruas. No entanto, apesar das ideias absolutistas, as festas, com um misto de sagradas e profanas, vulgarizavam um comportamento devoto por parte das populações coloniais, acentuando a identificação entre Igreja e Estado (DEL PRIORE, 2000, p. 14).

Ao relatar sobre as festividades do Brasil Colônia, sob conduta do Estado Moderno, essa expressão cultural passou a ser dirigida, conservadora e urbana (DEL PRIORE, 2000). Nesse sentido, surge o barroco como "um conjunto de instrumentos articulados para preservar o sistema absolutista, tendo nas festas um dos exemplos mais espetaculares e persuasivos" (DEL PRIORE, 2000, p. 15)

As festas barrocas eram um "meio de fixação política e manifestação de poder crescente do Estado Português" (DEL PRIORE, 2000, p. 15). Além disso, também eram um instrumento para diminuir tensões sobre as diversidades étnicas e as distinções da Colônia (DEL PRIORE, 2000).

A partir desse contexto, nascia de diferenças culturais, participação de múltiplos atores anônimos, "do barulhento uso de ritmos e danças – o riso crítico, jocoso e farsesco da cultura popular no interior dessa mesma festa" (DEL PRIORE, 2000, p. 15).

Em suma, as festas coloniais do passado ajudam-nos a entender como se desenvolvem os festejos de atualmente em uma relação entre sagrado e profano, barroco e popular, público e privado.

Como parte integrante das festas, está o lugar que compete a religião, caracterizado, segundo Montes (2012, p. 17), a partir das relações sociais de vida pública, coletiva nas experiências de família, amigos, na definição das práticas e dos valores, das normas e crenças que norteiam a ação do homem nesses domínios.

Portanto, argumenta-se que a forma de manifestações da Santíssima Trindade faz parte da influência catequética jesuítica, por meio do teatro, da música, do canto, da dança e da poesia, evidenciando que era preciso aturdir as almas simples para conquistá-las e elevá-las por meio da imaginação e dos sentidos à grandeza inefável do sagrado (MONTES, 2012, p. 51).

Dessa forma, Montes (2012) afirma que é nas festas e celebrações, portanto, que o Barroco realiza plenamente sua magia aglutinadora. Então, toda cidade se move, ou seja, a festa urbana reúne a todos como função social.

A partir disso, Montes (2012) pontuou como festa barroca o momento no qual a sociedade fala sobre si mesma por meio da ritualização dos valores que impregnam em profundidade o cotidiano de seus membros, tornando-se, portanto, índice privilegiado.

Segundo Montes (2012, p. 52), "desde os tempos coloniais, catolicismo brasileiro traz a marca deste *etos* festivo. Nele, tudo dar lugar a celebração". E, assim, configuram-se as manifestações da Santíssima Trindade com diversos elementos festivos para celebrar o Deus Trino em Manaus, por uma comunidade católica. Nesse processo, há regulamentação do festejo com finalidade de organização, mesmo tratando-se de uma expressão do catolicismo popular, mas que tem aval da Igreja Católica.

Nesse etos festivo, há celebrações que são maiores e seguem o calendário litúrgico da Igreja Católica, a Festa de Reis, a Semana Santa, com liturgia solene, procissões, entre a dor e a morte de Cristo e o júbilo de sua ressurreição, sobretudo Corpus Christi (MONTES, 2012, p. 53). No próprio estatuto da Comunidade Católica Santíssima Trindade[5], criado 19 de junho de 2014, do artigo 56 ao 80, dispõe-se sobre a obediência da própria comunidade mantenedora do festejo ao calendário litúrgico da Igreja e realizações a serem desenvolvidas.

O artigo 56 dispõe que a festa da Santíssima Trindade é realizada num domingo após o Pentecostes, de acordo com o calendário litúrgico da Igreja. A programação deverá ser composta por rituais próprios. O artigo 57 apresenta que a intensidade do festejo, com a programação iniciada uma semana antes do dia da solenidade da Santíssima Trindade, bem como o sábado e o domingo festivo.

O artigo 58 trata de como a festa, mesmo popular, ainda é realizada seguindo a obediência a Igreja Católica, sendo que, assim, dispõe que a programação da festa deve ser apresentada antecipadamente ao pároco da área missionária Santa Catarina de Sena, combinando os detalhes específicos que envolvem terceiros e outras comunidades, pois terá missa e adoração. Nesse sentido, João Leal (2017, p. 23) destaca que "as festas do Espírito Santo definem-se, por fim, pela sua autonomia tendencial face à Igreja".

Sobre o controle de uma leiga, os festejos da Santíssima Trindade mantêm autonomia para realização, no entanto, é necessário que o sacerdote responsável pela área Missionária, bem como o conselho comunitário, esteja a par do que será feito, nesse caso, a data e a utilização do local para a festa, principalmente o sábado e o domingo festivo. Leal (2017, p. 24), portanto, aborda que "o culto ao Espírito Santo pode, nessa medida, ser definido como uma espécie de religião laica na qual a inferência da Igreja é tendencialmente secundária". No entanto, não significa "que a Igreja e, individualmente, muitos padres não se tenham envolvido e não continuem a envolver-se na festa, encarada como um instrumento de aproximação pastoral" (LEAL, 2017, p. 24). Como reflexo disso, na Santíssima Trindade, apesar da mudança de frades, franciscanos e padres diocesanos, sempre houve uma aproximação

---

[5] Estatuto da Comunidade Católica Santíssima Trindade – este documento dispõe sobre o regulamento do festejo e as regras sobre a comunidade.

dos sacerdotes com o festejo, para que essa manifestação na área missionária pudesse contribuir para o trabalho pastoral e comunitário.

Etzel (1995) define a Festa do Divino como popular e de relação complementar com a Igreja, dependendo de condições mais locais do que apoio oficial para realização. Sob essa ótica da festa conduzida por uma leiga, como na Santíssima Trindade, assim também no Divino, Etzel (1995, p. 51) trata como fato único na Igreja Católica a organização de "uma estrutura leiga, independente eclesiástica, que tem como figura exclusiva o Divino numa bandeira, no alto pau da mesma bandeira e também encimando a coroa e o ceptro do imperador".

Ricardo Luiz Souza (2013, p. 13) discute sobre as festas católicas populares e aponta caráter híbrido em seus modos, ao serem "promovidas tanto pela igreja quanto pelos fiéis, com a participação do clero, no caso, variando de intensidade". Ainda, conforme Souza (2013, p. 13),

> [...] mesmo quando a festa era promovida e organizada pelo clero, a participação dos fiéis nem sempre se mantinha presa às normas previamente definidas pela instituição eclesiástica, para escândalo e desaprovação dos sacerdotes.

Dessa forma, "precisavam muitas vezes, contudo, de transigir com os fiéis, o que aproxima as festas católicas de outras festas, exclusivamente profanas" (SOUZA, 2013, p. 13).

Dentro do festejo, conforme descrito na etnografia da festa no primeiro capítulo, está no estatuto a realização do Santo Triságio Angélico, no artigo 59, que deve ser rezado sempre nos três dias da semana que antecedem a festa. A realização desse rito é feita na igreja ou em casa, com pregação dos temas referentes a Deus Pai, Deus Filho e Deus Espírito Santo, com louvor, animação e oração espontânea como encerramento.

Em seguida, no artigo 60, trata-se da alvorada festiva a ser realizada no sábado da noite de louvor, ou véspera do dia da Santíssima Trindade, iniciando às 6 horas, com a queima de fogos seguida de oração dos devotos. No artigo 61, está designada a carreata festiva que acontece após a oração e a queima de fogos, pelas ruas do bairro de Petrópolis, e retorna à área da Igreja de Santa Catarina de Sena. O artigo 62 rege sobre o café da manhã, a ornamentação do local da festa. O artigo 63 trata sobre a noite de louvor no sábado, seguindo toda a programação organizada para o festejo.

No artigo 64 do estatuto sobre os mastros, como ofertas à Trindade pelas bênçãos recebidas durante o ano, são especificados os ritos realizados.

No artigo 65, é destacada a expressão de louvor dos continentes. O artigo 66 rege sobre a adoração ao Santíssimo Sacramento, como um dos momentos mais importantes da festa. Esta parte, com base no estatuto, é programada previamente com o sacerdote.

Na seção V do estatuto, são apresentadas as regras sobre o domingo da Santíssima Trindade, a partir do artigo 68, sobre a ladainha em latim, sendo assim, realizada na igreja ou onde for feita a festa.

Compreender essa parte estatutária da festa é importante devido à dimensão com o passar dos anos e de como esse festejo, apesar de ter autonomia e ser organizado por leigos, passa por aval da Igreja Católica. Portanto, entende-se o quão semelhantes são o Divino e a Santíssima Trindade em termos de festa profano-religiosa e como mantêm a relação com a Igreja.

Nesse sentido, Montes (2012) apresenta a Festa do Divino Espírito Santo como celebração mais próxima de antigas tradições pagãs, que o cristianismo integra ao calendário litúrgico para neutralizar o poder de permanência da crença herética. Entre tradições pagãs e a liturgia tradicional, Montes (2012) pontuou as manifestações dentro das festas do catolicismo popular como:

> Missas, te-déum e procissões estarão invariavelmente no centro das celebrações, sendo o cortejo mais ou menos solene ou espetacular segundo a ocasião, comportando as maiores festas, quase sempre, música, cantos e danças, às vezes mesmo declamações poéticas, em meio aos andores e carros alegóricos graças aos quais e procissão constrói em linguagem estética uma narrativa sobre as verdades da fé, a honra dos dignatários de Deus e a grandeza dos homens (p. 57).

Dentro da relação com esse *etos* festivo do catolicismo colonial é que ele evidencia que a religião, graças à cosmologia arcaica em que se inscreve, constitui a mediação essencial entre o público e o privado (MONTES, 2012, p. 57).

Em meio a essas festividades do catolicismo, Montes (2012, p. 64) afirma que:

> O principal inimigo da hierarquia católica seria mesmo a folia dos santos, uma das formas mais antigas de devoção popular, reminiscência da atuação das irmandades e do espírito festivo do catolicismo barroco evidenciada nesses grupos de devotos que saíam em cantoria de porta em porta levando o estandarte do santo e cuja presença nas casas dos fiéis era considerada uma verdadeira bênção.

As manifestações religiosas da Santíssima Trindade, por ser elementar nesse sentido festivo e popular, como a folia dos santos, seria conforme Durkheim (1996), um inimigo da hierarquia católica, ou do catolicismo tradicional, apesar de seguir calendário litúrgico e ter permissão para realizações dos eventos festivos.

O estatuto da festa, no artigo 69, apresenta a realização da procissão ou caminhada penitencial em honra à Santíssima Trindade após a ladainha, percorrendo algumas ruas do bairro de Petrópolis, com cinco paradas reflexivas em consonância com a Igreja, sobretudo, a campanha da fraternidade do ano vigente, sendo feita sob responsabilidade dos continentes. As paradas da procissão tratam também da realidade dos continentes e das famílias devotas. Esse dispositivo do estatuto dispõe sobre a ornamentação do andor da procissão, de responsabilidade do festeiro, mas com doações dos devotos participantes do festejo da Trindade. É notório destacar que, nesse momento único dentro das manifestações da festa, o pietismo e a parte lúdica desenvolvem, ao mesmo tempo, o pagamento de promessas durante a caminhada ou pedidos a Trindade até as encenações teatrais, músicas ou dança em cada uma das estações. Cada um desses elementos gera, portanto, sentido da relação entre sagrado e profano no festejo, utilizando-se da religiosidade e da cultura popular.

Del Priore (1999) discorre sobre como a difusão das procissões, em dias de festa religiosa, colocava em evidência a mentalidade das populações, que viam no rito processional uma função protetora. Segundo Del Priore (1999), os itinerários significativos para a comunidade, cantos e litanias somavam-se, para coroar as procissões ordinárias, com acompanhamento de grandes cerimônias, e até mesmo atender às necessidades constrangedoras, como a saúde do rei.

Apesar do controle da Igreja e do Estado sobre as festas e seus elementos, como a procissão, Del Priore (1999, p. 23) a define como fenômenos comunitários e hierárquicos, ou seja, "exprimem solidariedade de grupos sociais subordinados a uma paróquia, reforçando os laços de obediência Igreja e aos poderes metropolitanos quanto aqueles internos, entre os membros de uma comunidade".

Para Souza (2013, p. 44), "a procissão simboliza o pertencimento dos fiéis à Igreja, mas é feita no espaço externo ao templo, nas ruas e não em seu interior, o que demonstra a ambiguidade inerente ao ritual". Ou seja, a cerimônia é, ao mesmo tempo, eclesiástica e profana, controlada pela Igreja e absorvendo elementos profanos (SOUZA, 2013). Nesse sentido, ao mesmo tempo, a procissão afirma a autoridade da fé sobre o espaço profano e o incorpora à autoridade da Igreja, portanto, faz com que a identidade cristã dos que dela participam seja afirmada perante eles próprios e perante quem se mantenha alheio à fé (SOUZA, 2013).

Como parte elementar da parte religiosa da festa, a procissão encerra na chegada à igreja, no rito de Glória na missa, conforme está disposto no artigo 70 do estatuto. Ao final da celebração eucarística, é realizada a **ação de graças,** a retrospectiva do ano e a mensagem de Deus para os devotos, assim como feitos os agradecimentos aos colaboradores.

O artigo 71 trata sobre o café servido após a Santa Missa, de responsabilidade do juiz do mastro. O artigo 72 traz sobre o sorteio para escolha do festeiro e juiz do mastro. A derrubada do mastro está disposta no artigo 73, feita após o sorteio. Nesse item, é apontado que o mastro das crianças é retirado e levado ao local de distribuição e, em seguida, feita a derrubada do mastro de frutas. O artigo 74 corresponde ao almoço de confraternização e encerramento da festa. Nos artigos 75, 76 e 77, estão as atribuições do festeiro e juiz do mastro e a importância de ambos os personagens na festa da Santíssima Trindade. Como exemplo específico e respaldo para cumprimento de suas atribuições, o artigo 77 elenca o seguinte: arcar com a parte financeira da festa; roupas de todas as danças que serão apresentadas na festa; retiros: metanoia, kids, casais, adolescentes, servos, formações, Triságio, novenas, cerco de jerico, missão, via sacra; contribuir da arrumação e limpeza dos encontros; ter espírito missionário, partilha e zelo apostólico.

Da mesma forma estão designadas as responsabilidades do juiz do mastro, mas no artigo 78: participar das atividades da comunidade: reuniões, retiros, Santo Triságio, via sacra, ações sociais e religiosas; assumir todas as responsabilidades de erguer o mastro; assumir o café/lanche do domingo da festa.

O artigo 79 trata de um caso específico, que é o juiz do mastro infantil, no entanto, este não é escolhido por sorteio, pois trata de uma demonstração de fé, por iniciativa do devoto Clilton Carvalho de Oliveira, para que as crianças pudessem participar desse momento com segurança e evitar acidentes na derrubada do mastro principal da festa. Nesse quesito, na falta de um juiz, a comunidade Santíssima Trindade decidirá sobre esse artigo. No artigo 80, o último tratando especificamente sobre as manifestações diretas relacionadas ao festejo, há a cerimônia de agradecimento ao festeiro e juiz do mastro, realizada no mês seguinte após ao festejo na reza do Santo Triságio Angélico.

Por fim, o artigo 81 aborda sobre a passagem do cajado da missão, realizado após a cerimônia de agradecimento ao festeiro e juiz do mastro. A data é combinada, não podendo ultrapassar 60 dias após a festa com assinatura do termo de compromisso.

Parte do estatuto do festejo escrutinado neste capítulo, especificamente do festejo, não trata de regras para participação dos devotos nas manifestações da Santíssima Trindade. Ou seja, para que participe da festa, não é preciso seguir um roteiro, pois os artigos dispostos sobre atribuições servem para as pessoas de linha de frente, como o festeiro e juiz do mastro escolhidos em sorteios. Como é uma festa religiosa popular, todos são acolhidos e podem participar dos ritos realizados, como da procissão, da ladainha, do triságio angélico, da noite louvor e da missa.

Entretanto, o documento serve como respaldo até mesmo sendo feito por orientação jurídica, para cumprimento das responsabilidades designadas. Por isso, é especificado em cada artigo a complexidade da festa, como é realizada, por que é realizada, para quê e para quem é feita, os personagens, o que é feito dentro deste festejo, a dimensão artística e religiosa. Ou seja, é de suma importância como organiza o estatuto uma festa realizada há 36 anos na cidade de Manaus e que tem alcançado proporções cada vez maiores na capital amazonense, principalmente com aumento significativo de devotos participantes, conhecendo sobre essa festa específica, que reúne diversos elementos da religiosidade popular.

Como a crença e os ritos da Santíssima Trindade mantêm-se na vida urbana e qual importância na resolução de problemas contemporâneos dos devotos, na cidade de Manaus? A busca pela resposta dessa problemática da pesquisa, a partir deste terceiro capítulo, parte da discussão sobre a relação dos festejos com relação à cidade, à vida urbana dos devotos e demais participantes, ao papel do catolicismo popular como visão de mundo e cultura dos devotos, tendo em vista como a Santíssima Trindade se apresenta em meio a uma expressão de cultura popular que responde a inquietações de pessoas que vivem no espaço urbano em Manaus.

2. A CIDADE DE MANAUS

De acordo com os dados da prefeitura de Manaus, a capital amazonense foi criada no século XVII, como demonstração do domínio da Coroa Portuguesa na região amazônica. À época, era considerada posição estratégica em território brasileiro. O núcleo urbano, localizado à margem esquerda do Rio Negro, teve início com a construção do Forte da Barra de São José. Foi idealizado pelo capitão de artilharia, Francisco da Mota Falcão, em 1669, data que foi convencionada como o nascimento da cidade.

A capital amazonense passou a se chamar Manaus, em 4 de setembro de 1856, tornando-se independente do estado do Grão-Pará. O nome lembra o povo indígena Manáos (significa "mãe dos deuses"), habitantes na região onde hoje está estabelecida a cidade de Manaus antes de serem extintos por conta da exploração portuguesa.

Com base nos dados do IBGE (2021), a população de Manaus estima-se em 2.255.903 pessoas, com 63 bairros divididos em cinco zonas, conforme Lei n.º 1.401, de 14 de janeiro de 2010, que dispõe sobre a criação e a divisão dos bairros de Manaus, estabelecendo novos limites (IMPLURB, 2010).

Entre os bairros de Manaus, está o bairro de Petrópolis, espaço urbano presente na discussão da relação entre religião, cidade e vida urbana e a expressão do catolicismo popular nos festejos da Santíssima Trindade.

Petrópolis foi criado no dia 24 de setembro de 1951, ou seja, 34 anos antes da chegada da Trindade em Manaus. O fundador foi o coronel da Polícia Militar, Alexandre Montoril, oriundo do Ceará com chegada à capital amazonense em 1912. Ele também fundou o bairro vizinho de São Francisco (TIAGO, 2010).

Assemelhado com a cidade de Petrópolis, devido à formação geográfica do bairro de elevações e baixadas, Alexandre Montoril batizou assim a localidade (TIAGO, 2010).

No início da década de 1950, "foram abertos os primeiros caminhos com a chegada de alguns moradores" (TIAGO, 2010, p. 13). A partir da grande enchente do rio Amazonas, em 1953, houve o impulsionamento do processo de urbanização. Dessa forma, pessoas que moravam em cidades do interior do estado e tiveram as casas destroçadas pela força da água fugiram para Manaus (TIAGO, 2010).

Nesse período, ainda na década de 1950, Alexandre Montoril iniciou o loteamento da área onde viria a ser o bairro de Petrópolis, para abrigar os flagelados da enchente. À época, não havia saneamento básico, água encanada e rede elétrica (TIAGO, 2010).

A primeira igreja a ser construída em Petrópolis foi a de São Pedro Apóstolo, santo padroeiro do bairro, pelas mãos do Sr. Antônio Costa. Isso ocorreu na década de 1960, com a chegada dos padres redentoristas (TIAGO, 2010).

A partir da década de 1970, surgiu um novo dono das terras, do loteamento formado por Alexandre Montoril, que havia se tornado prefeito de Coari e depois deputado estadual do Amazonas (TIAGO, 2010). De sobrenome Monteiro, ele passou a tomar posse de alguns terrenos. Moradores na época tiveram de pagar ao novo dono das terras prestações para ter o lote. Ao longo dos anos, desde a sua fundação, os moradores de Petrópolis tiveram de realizar abaixo-assinado para garantir serviço de pavimentação, energia e água, posto de saúde e linhas de ônibus (TIAGO, 2010).

Segundo a Associação de Moradores do bairro de Petrópolis (Somap), são 50 mil habitantes, sendo o segundo mais populoso de Manaus. O contexto populacional é formado por pardos, brancos, negros e indígenas (TIAGO, 2010). O serviço de transporte público é atendido por linhas de ônibus, sendo 004, 005, 519, 601, 608, 612 e alternativos.

A partir desse histórico sobre o bairro de Petrópolis, na busca pela compreensão da relação entre espaço urbano e manifestação religiosa, abordamos na obra que trata sobre antropologia urbana, de Michel Agier (2011), de como se concentra a relação entre a globalização humana, as condições e os locais de exílio e a formação de novos contextos urbanos.

Agier (2011) propõe uma investigação urbana antropológica, pois reflete que não é da própria cidade que emergem os conhecimentos da vida urbana, mas a partir de uma montagem de sequências da vida urbana. Para se desenvolver o saber antropológico sobre a cidade, Agier (2011) aponta três noções: região, situação e rede.

Sobre situação, Agier (2011) apresenta que a abordagem situacional desespacializa a pesquisa urbana: liberta o observador do constrangimento monográfico habitual à etnografia. Portanto, isso quer dizer que não são os limites espaciais que definem a situação, mas a interação social.

Há duas abordagens com relação às redes sociais, que seriam a ancoragem e o desenvolvimento das redes, conforme Agier (2011). Dessa forma, a ancoragem é individual e estrutural. Cada indivíduo retira da sua posição, na ordem social da cidade, certa caracterização moral (AGIER, 2011).

A ancoragem é feita a partir de um ponto de origem, ou seja, um indivíduo de cabeça da rede. O espaço urbano pode ser representado como um conjunto articulado (rede total), e os meios sociais urbanos podem ser estudados como sistemas solidários ou como "mafioso" (rede parcial) (AGIER, 2011). Portanto, o que permite o desenvolvimento das redes está ligado ao conjunto de valores, ideias e normas (AGIER, 2011).

A princípio, relacionamos essa discussão sobre a importante relação entre Maria Cleide Tenório como uma liderança ou cabeça de rede no espaço que são realizadas as manifestações religiosas referentes à Santíssima

Trindade, uma rede parcial. Nesse sentido, os devotos que são aqueles que expressam sua fé ao santo nos festejos e os vocacionados que também são devotos e estão mais à frente dessas manifestações criam um desenvolvimento de rede a partir dos mesmos valores sociais e religiosos, referentes à Santíssima Trindade.

Não tratamos aqui uma rede referente somente ao espaço urbano, sendo o local onde são realizados os ritos do festejo, mas a construção de contato entre devotos, vocacionados e simpatizantes.

Como zona de influência da Santíssima Trindade, a área missionária Santa Catarina de Sena, que engloba sete comunidades pastorais, no bairro de Petrópolis, pode ser considerada como uma "região", segundo a abordagem de Agier (2011). E cada um dos indivíduos que ocupa esse espaço trata-se de um homem civilizado ou citadino, por ser um habitat natural. Portanto, Agier (2011) apresenta a região como uma forma de distinção dos espaços urbanos. Nesse sentido, o autor aponta que "ela permite localizar as identidades ligadas ao espaço, é enquanto identidades externas" (AGIER, 2011, p. 67). Compreendemos, a partir disso, que os atores que pertencem a esse espaço caracterizam-no como festivo, sagrado e religioso, devido às manifestações realizadas como as da Santíssima Trindade. Com base nisso, Agier (2011, p. 67) define que o lugar é definido pelos atores urbanos, quaisquer que sejam.

Apresentamos também a "situação" ou abordagem situacional que podemos considerar as interações envolvendo as pessoas nos diferentes ritos da Santíssima Trindade, como pesquisador participante.

Segundo Agier (2011, p. 75), a situação resulta da operação que consiste em isolar intelectualmente um acontecimento ou conjunto de acontecimentos, a fim de facilitar uma análise coerente.

A abordagem situacional como método de análise a partir das interações dos indivíduos em espaços urbanos pode revelar locais plurissituacionais, como o espaço que envolve os festejos da Santíssima Trindade, como a casa de missão da comunidade, que é utilizada para moradia, alimentação, reuniões de oração e questões burocráticas, acolhimento e ritos, como novenas e o Santo Triságio Angélico. Há, portanto, um cenário plurissituacional dentro desse espaço, que podemos definir por meio das interações com os devotos e vocacionados. Dessa forma, "cada situação assim delimitada atribui um sentido diferente à frequência de um mesmo lugar" (AGIER, 2011, p. 75).

3. AS MUDANÇAS NO MODO DE VIDA URBANO

Helena Vilaça (2017), em seu artigo "A religião na cidade: territórios, materialidades e comunicação", afirma que a religião é uma das lentes para compreender a realidade social e as mudanças da cidade, como inscrição espacial da sociedade.

A partir disso, Vilaça (2017) observa uma erosão da religião nas cidades, com o advento da modernidade. Isto é, portanto, de um processo de secularização devido ao declínio acentuado do cristianismo em meios urbanos. Para Vilaça (2017, p. 14), "este foi um traço da história do cristianismo ocidental nos últimos séculos, mas com particular evidência empírica a partir da II Guerra Mundial".

Com base em Fragata e Braga (2022), a partir dessas discussões, observa-se que, mesmo em meio a essa presença do cristianismo no meio urbano, como as manifestações da Santíssima Trindade a partir dos festejos fortalecem-se e crescem com o passar dos anos. Isso ocorre, por exemplo, com mais adeptos a partir dos testemunhos partilhados, das redes de relações criadas, seja no âmbito familiar, seja, até mesmo, no próprio bairro (FRAGATA; BRAGA, 2022).

Diante disso, Pierre Bourdieu (1987) reconhece que as transformações econômicas e sociais, com a urbanização e a industrialização, originam um desenvolvimento do individualismo intelectual e espiritual que contribui à racionalização das necessidades religiosas.

Conforme Vilaça (2017, p. 14), como reflexo dessa individualidade, "a grande cidade foi o lugar onde se começou a encontrar menos pessoas com religião, mas simultaneamente, e no quadro da recente globalização, maior diversidade religiosa".

Da escola de Chicago, Louis Wirth (1938) apresenta que a dimensão, a densidade e a heterogeneidade da cidade produziam um tipo de organização social que promovia a diminuição dos vínculos sociais, ou seja, o anonimato.

A partir disso, consideremos os 50 mil habitantes no bairro de Petrópolis relativamente maior em índice populacional que alguns municípios do interior do Amazonas. Temos, portanto, uma pequena cidade dentro da capital Manaus. E nesse sentido, compreendemos de Wirth (1938) as influências que as cidades exercem sobre a vida social do homem, sendo maiores do que poderia indicar a proporção da população urbana. Por exemplo, a cidade não se resume ao crescimento, à moradia e ao local de trabalho do homem moderno (WIRTH, 1938). A cidade é um centro iniciador e controlador da vida econômica, política e cultural que atraiu as localidades mais remotas do mundo para dentro de sua órbita e interligou as diversas áreas (WIRTH, 1938). Podemos definir que o bairro de Petrópolis, por suas características, é uma cidade que está dentro de uma cidade. Nesse local, com diferentes modos de vida urbanas influenciados pela forma como esse espaço se move e se desenvolve, está o festejo da Santíssima Trindade, como expressão de religiosidade popular moldada sobre a influência da cidade. As necessidades de adaptação levaram essa manifestação reinventada a ser realizada em seu atual formato.

Georg Simmel (1971) escreve, em *A metrópole e a vida mental*, que a vida urbana de um indivíduo na metrópole moderna é caraterizada por economia monetária, ritmos cotidianos intensos e relações sociais despersonalizadas, que resultam em uma conduta social que convencionou chamar de atitude "blasé". Trata-se do indivíduo exausto, indiferente à multiplicidade de estímulos que recebe, ou seja, as individualidades do meio social. O entendimento sobre esse sujeito indiferente também recai sobre a influência da cidade no modo de vida. É mais distante, um indivíduo mais preocupado com questões pessoais, que, na maioria das vezes, não podem ser solucionadas com o auxílio da religião, conforme aponta Vilaça (2017), tendo a cidade ocidental se tornado o lugar da diminuição e da privatização da identidade, de crença e práticas religiosas, como algo que começou a mudar a partir das últimas décadas.

Para Vilaça (2017), atualmente, as cidades globais são lugares de transnacionalidade de pessoas, mercados de trabalho e fluxos de capital. São também espaços de polarizações econômicas e sociais. A partir desse novo contexto, as migrações e as diversas mobilidades cruzam-se e interrelacionam-se com as vivências religiosas cotidianas (VILAÇA, 2017).

4. A EXPERIÊNCIA URBANA E AS PRÁTICAS SIGNIFICATIVAS DA SANTÍSSIMA TRINDADE NA CIDADE

De acordo com Simmel (2006), sobre as relações de ajuda mútua e sociais existentes entre grupos de pessoas, adquirem importância os processos de sociação, diferentes causalidades a partir de fatores como amor, religiosidade, trabalho, entre outros, que movem os indivíduos em uma unidade de anseios, que se realizam em uma sociedade.

As relações existentes entre as pessoas que estão inseridas no contexto dos festejos da Santíssima Trindade podem ser analisadas a partir desses processos, mas, em especial, como formas de sociabilidade. Para Simmel (2006), a sociabilidade adquire relevância como uma forma mais estreita de relações sociais, marcada pela proximidade das pessoas, com vistas à busca de interesses específicos, certas finalidades, que surgem por impulsos e motivações de maior envolvimento emocional.

Na busca das resoluções de problemas como a cura de doenças, emprego, atribuindo sentido aos milagres da Santíssima Trindade, é nesse contexto de sociabilidade que os devotos passam a se envolver mais nos festejos, sempre seguindo um ponto de vista religioso. Ou seja, a partir de ritos, como as novenas realizadas em casas de devotos, que outras famílias convidadas fora do círculo social e até que nunca presenciaram os festejos sentem-se atraídas ou chamados para fazer parte dessas manifestações e passam a participar.

José Guilherme Magnani (2009, p. 1) pondera que "em cada canto da cidade é possível encontrar uma espécie de oásis, discreto ou bem visível que, no meio da agitação característica da vida urbana". A partir disso, entende-se que os indivíduos buscam, mesmo em grandes espaços urbanos, seu lugar de paz, proporcionado por manifestações religiosas e que possibilitam aos praticantes um refúgio e a busca pela solução de problemas gerados no cotidiano.

Mesmo abordando a megalópole São Paulo, em seu artigo "A religião na metrópole", cabe a reflexão para cidade de Manaus no sentido da relação entre a vida urbana e a religião, principalmente no sentido de como as pessoas buscam em espaços públicos religiosos a fuga do mundo externo e a solução de problemas do cotidiano. A partir disso, Magnani (2009, p. 1) identifica o processo de contato religioso no meio urbano como oferecimento de "uma pausa propícia ao recolhimento, à oração silenciosa, ao encontro com alguém disposto a ouvir, a dar um conselho".

Para Magnani (2009, p. 2), "há muitos espaços, para todos os credos e, o que é mais surpreendente, pode-se circular por eles sem necessariamente ser um adepto". Segundo o autor, no contexto de uma grande metrópole, a vivência religiosa tem mais alternativas de exercício e manifestação, como é exemplificado no caso dos festejos da Santíssima Trindade em Manaus.

Magnani (2009) aponta um eixo comum ao tratar da religião como um conjunto de experiências, revelações, ritos e doutrinas: a busca de contato com outro plano que transcende as vicissitudes do cotidiano e lhes dá um sentido.

Nesse sentido, Clifford Geertz (1978) aponta a experiência religiosa como a busca de uma justificativa e alívio ao sofrimento, além de uma motivação para o comportamento moral. Isso reflete a vida dos devotos da Santíssima Trindade na conduta social em modo de vida urbana, de suas escolhas pessoais, formas de diálogo e demais relações construídas nesse espaço urbano religioso.

Conforme Ferreira e Braga (2022), muito além do que são as manifestações com base no sobrenatural, as formas de relação entre as pessoas, os testemunhos e os diálogo fazem com que novos adeptos possam vir a ser devotos.

Danièle Hervieu-Léger (2015) apresenta, em sua obra *O peregrino e o convertido: a religião em movimento*, que a modernidade aponta para o caminho da racionalidade, em que os indivíduos devem manter seu status social em função apenas da sua competência, adquirida por educação e formação, não por atributos pessoais.

Para Hervier-Léger (2015, p. 31), nesse processo de secularização, em que a racionalidade busca explicar, sob o viés científico, todos os fenômenos naturais, busca-se também dissipar a ignorância geradora de crenças. Conforme a Hervier-Léger (2015), outro traço fundamental da modernidade é a laicização, em que rompe como o mundo da tradição, e o homem passa a ser legislador da própria vida, como o impacto da vida urbana na religião.

Conforme Hervier-Léger (2015, p. 31), nas sociedades modernas, "a crença e a participação religiosas são 'assunto de opção pessoal': são assuntos particulares, que dependem da consciência individual e que nenhuma instituição religiosa ou política pode impor a quem quer que seja".

Dessa forma, a autora destaca que a crença escapa totalmente ao controle das grandes Igrejas e das instituições religiosas, sendo assim moldada a partir da prática do catolicismo popular, como ocorre nas manifestações da Santíssima Trindade em Manaus.

Berger (1985) afirma ser um processo social de objetividades e subjetividades, que proporciona ao indivíduo a sua desfiliação das estruturas institucionais religiosas, tendo como aspectos principais a perda do poder moral da religião e a subjetivação das crenças.

A resistência por meio da prática do catolicismo popular em meio aos festejos da Santíssima Trindade e a busca de um "oásis", como explica

Magnani (2009), fazem com que os devotos da Trindade participem cada vez mais, gerando um crescimento com o passar dos anos dessa prática. Ou seja, a secularização da religião como teoria, que Berger (1985) diz ser a causa do fim dos monopólios das tradições religiosas, conduz a uma situação de pluralismo. Não significa que as pessoas que vivem em grandes centros urbanos, como Manaus, sejam menos religiosas, pois, até em uma metrópole, como a capital amazonense, se observa um caráter festivo em celebração à Santíssima Trindade, nos diferentes meses do ano, com novenas, arraiais, missa, procissão e demais manifestações religiosas que não estão concentradas somente nas mãos do poder eclesial da Igreja. As expressões particulares da pessoa religiosa e devota estão presentes nas nessas manifestações.

É a partir dessas realizações festivas profano-religiosas que "agora, os grupos religiosos têm de se organizar de forma a conquistar uma população de consumidores" (BERGER, 1985, p. 150).

Com base em Danilo Dourado Guerra (2014, p. 116), "as religiões têm que se adaptar as subjetividades e individualidades da população, relativizando suas verdades em prol das verdades do consumidor, que hoje se tornou um colecionador de verdades e experiências". Desse ponto de vista, ao entender que o pluralismo faz parte das manifestações religiosas em contexto urbano, cada pessoa busca de forma singular um lugar de refúgio, que surge por meio do estabelecimento de relações sociais.

Considerando o modo de vida urbano, a rotina diária dos devotos da Santíssima Trindade, por exemplo, há o ir e vir dentro do ônibus para o trabalho, gerando situações adversas, principalmente pelo trânsito na cidade de Manaus. Há, nesse sentido, também trocas simbólicas nas conversas que podem levar ao conhecimento das manifestações da Trindade, principalmente em novenas. Mas, também, a casa de um devoto, o cotidiano das pessoas, os problemas existentes na vida pessoal, constituem motivos para partilhar um espaço sagrado, da casa que se transforma em templo, de oração, celebração em honra à Santíssima Trindade.

É a partir dessas trocas que também se desperta o desejo de outras pessoas a viver aquela experiência. E, como prova disso, as novenas, por exemplo, estão no contexto do cotidiano e interferem no modo de vida urbano dos devotos. É que esses ritos não ocorrem somente em fins de semana, seguindo um calendário organizado pela comunidade. Há uma mudança, portanto, da rotina, com um momento dedicado à vida religiosa.

Para Berger e Luckmann (2004), a insegurança que assola os indivíduos leva-os à busca de experiências comunitárias. Tratando essa insegurança como um fenômeno contemporâneo social, entendemos, a partir de Berger (2017, p. 53), que "a modernidade não leva necessariamente à secularização [...] ela leva necessariamente ao pluralismo".

A insegurança existe a partir dos problemas do cotidiano, levando em conta os modos de vida urbanos, nessa discussão sobre os devotos da Santíssima Trindade. Seguindo essa discussão, podemos entender por que as pessoas procuram experiências religiosas, sobretudo, em uma metrópole como Manaus. A busca pela resolução de seus problemas, por meio dos milagres, como a cura de doenças, o emprego, entre outras questões de ordem pessoal, são pedidos partilhados nas manifestações da Trindade.

Os relatos de milagres atribuídos à Santíssima Trindade por devotos, no primeiro capítulo, do casal Mario Mendes e Rosileuda Viana, mostram como os participantes da manifestações religiosas buscam, por meio do sobrenatural, a solução para questões de ordem pessoal, como aflições individuais, por exemplo, o desemprego enfrentado por Mario Mendes, bem como o milagre de ser empregado a pedido da Santíssima Trindade e o procedimento cirúrgico de alto risco no coração, que foi bem-sucedido. Essas respectivas situações fazem parte dos problemas presentes na vida urbana, e é por isso que os devotos da Santíssima Trindade, entre outros indivíduos, buscam no caminho religioso soluções para questões do cotidiano.

Nesse sentido, Ramos (2017, p. 129) considera a religiosidade como uma variável que não está aparente em todos os momentos da vida pessoal dos sujeitos, mas que "emerge em momentos críticos, renovando a fé e a esperança de uma vida melhor e mais plena; esperança, elemento essencial na dinâmica da vida".

Em contraponto, Leszek Kolakowski (1982), ao ser citado por Bauman (2022, p. 247), afirma que "a religião na verdade, é a consciência da insuficiência humana, é vivida na admissão".

Dessa forma, Bauman (2022) trata sobre como a pós-modernidade demonstra o processo de transição de mentalidades. Ou seja, o homem passa a ser um "sujeito do cotidiano", e é ali que ele procura resolver suas questões fundamentais.

Bauman (2022) propõe que nem todas as estratégias de estar no mundo devam ser religiosas e que nem todas foram. Segundo o autor, os seres humanos estão sozinhos para tratar somente suas coisas humanas, "por isso, as únicas coisas que importam aos seres humanos são as coisas de que os seres humanos podem tratar" (BAUMAN, 2022, p. 250).

Em uma vida cotidiana, o indivíduo não tem tempo para discursos de escatologia sobre eternidade, ou seja, para se preocupar com o que vai acontecer no fim do mundo, nem sobre filosofia, nem para o medo da morte, pois suas principais preocupações são os seus "problemas" (BAUMAN, 2022).

Para Bauman (2022), se o pensamento pré-moderno trazia consigo argumentos religiosos sobre Deus, juízo e eternidade, o pensamento humanista "puxa o homem do céu para a terra, que é o seu lugar". Desse modo, "a ideia da autossuficiência humana minou o domínio da religião institucionalizada não prometendo um caminho alternativo para vida eterna, mas chamando atenção humana para longe desse ponto" (BAUMAN, 2022, p. 252).

A exortação apostólica Evangelii Gaudium (2013, p. 24), da Igreja Católica, aponta que "o processo de secularização tende a reduzir a fé e a Igreja ao âmbito privado e íntimo". O tópico documental é crítico, citando como "a negação de toda a transcendência, produziu-se uma crescente deformação ética, um enfraquecimento do sentido do pecado pessoal e social e um aumento progressivo do relativismo" (EVANGELLI GAUDIUM, 2013, p. 24). Segundo a exortação apostólica, "tudo isso provoca uma desorientação generalizada, especialmente na fase tão vulnerável às mudanças da adolescência e juventude" (EVANGELLI GAUDIUM, 2013, p. 25).

Ao tratar o sagrado e o profano no mundo moderno, Eliade (2018, p. 164) apresenta duas categorias: o *homo religiosus* e homem a-religioso. Para o autor, o *homo religiosus* acredita que existe uma realidade absoluta, o sagrado, que transcende o mundo, que aqui se manifesta santificando-o e tornando-o real. Conforme Eliade (2018, p. 164), o homem religioso "crê, além disso que a vida tem uma origem sagrada e que a existência humana atualiza todas as suas potencialidades na medida que é religiosa, ou seja, participa da realidade". Por outro lado, o a-religioso na prática nega a transcendência, aceitando a relatividade da realidade, e até duvida do sentido da existência (ELIADE, 2018).

O homem a-religioso se desenvolveu plenamente nas sociedades modernas europeias, assumindo uma nova função existencial, reconhecendo-se como agente da história e rejeitando toda transcendência (ELIADE, 2018). Em resumo, o homem moderno a-religioso não aceita um modelo de humanidade fora da condição humana (ELIADE, 2018). Com base em Eliade (2018), o sagrado é o obstáculo do homem para a liberdade, portanto, só será livre quando estiver morto o último Deus.

Diante disso, entendemos como o homem a-religioso pode ser apresentado como o indivíduo da pós-modernidade, que busca a solução de problemas humanos sem necessidade de ter uma vida religiosa, de acreditar na transcendência. No entanto, Eliade (2018, p. 165) discute que o homem a-religioso descende do homem religioso: "Ele é o resultado de dessacralização". Sendo homem profano, ainda assim conserva "os vestígios do comportamento do homem religioso, mas esvaziado dos significados religiosos". Para o autor, "a maioria dos 'sem religião' ainda se comporta religiosamente, embora não esteja consciente do fato" (ELIADE, 2018, p. 166).

5. A SOCIABILIDADE E O ESPAÇO URBANO FESTIVO

A compreensão das relações sociais construídas no espaço urbano festivo nos dias de hoje passam pela história do lugar. Pessoas como Maria Cleide Tenório exerceram papel de liderança para a criação da Igreja e área missionária Santa Catarina de Sena, como comunidade pastoral dentro da Arquidiocese de Manaus.

No início da década de 1980, o terreno onde se localiza a igreja pertencia à empresa Hexágono, que entrou em falência e deixou o espaço reservado para ser comercial. Em seguida, com a chegada da ordem franciscana, por intermédio do Frei Xavier, foi assentada a pedra fundamental da igreja. Durante o período inicial, a área missionária Santa Catarina de Sena, que foi dividida em sete comunidades pastorais, respondia à Paróquia de São Francisco.

No ano de 1991, foi construída a Igreja de Santa Catarina de Sena, período no qual o festejo da Santíssima Trindade já era realizado. E a partir desse ano, deu-se início a todo processo de sociabilidade e desenvolvimento de um espaço urbano festivo na área externa da igreja. Maria Cleide Tenório, junto do Padre Martin Lauman, e amigos e familiares, ajudou a desenvolver a área missionária, destacando a importância do festejo e da presença da Santíssima Trindade por meio de sua mão de obra e missão para realização deste ato concreto na igreja de Manaus. Como exemplo disso, em 1992, Maria Cleide foi nomeada a primeira coordenadora pastoral de Santa Catarina de Sena.

> *Eu também estava no início da formação dessa comunidade, como o Padre Martin, junto com o professor Gerson, a esposa dele, Maria das Dores, a professora Magna, professora Francisca, mais outros e mais membros da minha família, da Família Tenório, estávamos aí. E a gente foi nomeado a ser a primeira coordenadora da comunidade, fui nomeada pelo Padre Martin em 92 (Maria Cleide Tenório, 2022).*

Ao longo dos anos, após a fundação da área missionária, Maria Cleide esteve à frente da criação de grupos pastorais e do grupo de oração Água Viva da Renovação Carismática Católica, que permanecem até os dias de hoje.

Em meio ao processo de desenvolvimento da área missionária, a Santíssima Trindade e seus devotos estiveram como suporte para que fossem realizadas as atividades da Igreja, principalmente com o papel de Maria Cleide como liderança, trazendo um legado de aprendizado e anseio missionário da Diocese de Parintins, sobretudo, com a relação com padres do Pontifício Instituto das Missões Estrangeiras (Pime), até mesmo o bispo Dom Arcângelo Cerqua.

> *Quando a comunidade Santa Catarina começou, antes dela se tornar área missionária, nós já fazíamos a festa, muito timidamente, mas com a chegada do padre, o padre é uma figura muito importante no catolicismo, onde o padre chega por mais tímido que seja, é muito importante a presença do sacerdote. Com isso a nossa experiência da Santíssima Trindade, da devoção criou também um outro ânimo, porque o padre Martin encontrou uma família que se reuniu, e essa família por se reunir. Então nossa família foi a base dessa comunidade Santa Catarina de Sena, já tínhamos uma mobilização, tínhamos a fé, tínhamos a devoção, e trouxemos um legado muito bom da nossa Diocese de Parintins, toda nossa experiência de espiritualidade. [...] E foi assim muito bom a gente colocar o que nós aprendemos na adolescência, na nossa juventude e na fase adulta. Então foi mais ou menos assim a nossa contribuição* (Maria Cleide Tenório, 2022).

A contribuição da Santíssima Trindade para a área missionária Santa Catarina de Sena revela a relação histórica, social e religiosa da manifestação nesse espaço urbano e desenha como ocorre esse processo de sociabilidade, na relação entre os devotos e comunitários, que hoje participam do festejo em honra à Trindade.

Entretanto, a festa se expandiu e não concentra pessoas que moram no mesmo bairro, embora o bairro de Petrópolis seja a principal referência na cidade. Por isso, apresento croqui com a dimensão do local onde se concentra maior parte dos festejos da Santíssima Trindade, dentro do bairro de Petrópolis.

Figura 10 – Croqui de festejos do bairro

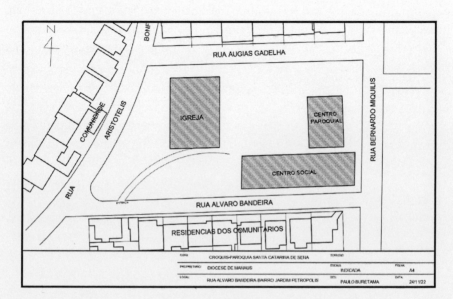

Fonte: elaborado por Paulo Buretama, com orientação do autor

No croqui, é possível visualizar a Igreja Santa Catarina de Sena e a área externa utilizada, principalmente, para o sábado da noite de louvor. É nesse espaço que ocorre a bênção e o levantamento dos mastros, a expressão dos continentes, dança, teatro, shows de música católica, entronização da Santíssima Trindade, Nossa Senhora das Graças e a adoração ao Santíssimo Sacramento.

Na mesma figura, a igreja é o ponto central ao domingo festivo com a realização da missa solene em honra à Santíssima Trindade. No local, também é feita a escolha do festeiro e do juiz do mastro para o festejo do ano seguinte. A ladainha, um dos ritos mais tradicionais, também é realizada nas dependências da igreja, como ocorreu no festejo de 2022.

O centro paroquial à esquerda da Igreja recebe o almoço após a celebração eucarística, que é oferecido todos os anos em nome do festeiro em forma de confraternização com todos os devotos. O centro social chega a ser adaptado como camarim para os grupos que realizam os momentos de expressão artística na noite de louvor.

Na rua Álvaro Bandeira de Melo, a imagem também mostra a sede da comunidade Católica Santíssima Trindade, na segunda casa à direita da igreja. Além de guardar o artefato, também concentra as reuniões burocráticas, assim como encontros de orações, como o Santo Triságio Angélico e até mesmo novenas.

As manifestações da Santíssima Trindade movem-se pela cidade, principalmente com as novenas na casa dos devotos e o triságio. Isso significa que, a partir desses ritos, os devotos estão por toda cidade de Manaus, por exemplo, os que moram em bairros distantes, da Zona Leste e Zona Norte da capital. No entanto, as principais atividades do festejo concentram-se no entorno da Igreja de Santa Catarina de Sena. E todos esses devotos saem·de suas casas para estarem no sábado da noite de louvor e no domingo festivo, dois dias que concentram grande parte do festejo. Essa grande movimentação pela cidade também justifica o período longo de festividade, ou seja, quatro meses até a solenidade da Santíssima Trindade.

Esse contexto envolve a sociabilidade festiva, com elementos urbanos, como a casa dos devotos, a divisão dos continentes que ocorre a partir de famílias de devotos, que não ocorre de forma geográfica, mas com relações sociais. Há também a relação com a Barreira do Andirá. Todos os anos, devotos que ainda moram naquela localidade deslocam-se para Manaus e participam dos festejos da Santíssima Trindade. No ano de 2022, a festeira foi Ivanise Tenório, nascida e criada na Barreira do Andirá. Apesar de ter vida estabelecida em Manaus, ela ainda mantém vínculos com sua localidade de origem e exemplifica como a festa ainda se relaciona com seu berço.

6. A COMUNIDADE CATÓLICA SANTÍSSIMA TRINDADE E A RENOVAÇÃO CARISMÁTICA

A presença dos pentecostais nas manifestações da Santíssima Trindade não se refere aos praticantes de religião evangélica protestante, mas está ligada à corrente de graça, que conecta a Comunidade Católica Santíssima Trindade e a Renovação Carismática Católica, por meio do Espírito Santo.

Elementos como o dom de línguas[6] são apontados, segundo o site Charis Internacional, como um dos carismas dados pelo Espírito Santo para a edificação da Igreja. No Novo Testamento, o apóstolo Paulo apresenta que

---

[6] Ver em: Glossolália, Xenolália e Xenoglossia – CHARIS. Disponível em: https://www.charis.international/pt/glossolalia-xenolalia-e-xenoglossia/.

o dom de línguas é direcionado para Deus, não para o próximo, pois é um dom de oração, e não de pregação (1 Cor 14,2). Além disso, Paulo a define como um dom de louvor carismático inspirado e talvez para a comunicação de gemidos e anseios internos que a pessoa não consegue colocar em palavras (Rm 8, 26-27). Portanto, definimos o dom em línguas como principal elemento presente pentecostal católico dentro das manifestações da Santíssima Trindade.

A partir dessa discussão, apresentamos o avanço da Renovação Carismática Católica na Igreja por meio do individualismo como característica da sociedade contemporânea (FERNANDO, 2014). A princípio, esse movimento dentro da Igreja nasceu pós-concílio Vaticano II, no final da década de 1960, em um retiro na Universidade de Duquesne, Pittsburgh, no Estados Unidos. No Brasil, chegou, aproximadamente, em 1969 (FERNANDO, 2014).

Segundo Fernando (2014), a aproximação da RCC com a ideologia pentecostal foi o caminho encontrado pela Igreja Católica para competir no mercado religioso e permanecer hegemônica.

Irmã antagônica das Comunidades Eclesiais de Base (CEBs) que dialogam com a religião e política, a RCC se desenvolve sobre a ideia mais conservadora de que a Igreja não deve envolver-se em política (FERNANDO, 2014).

Segundo Fernando (2014, p. 39), "o púlpito não pode ser usado para o exercício da política" e que "os carismáticos representam uma estratégia para deter a evasão dos fiéis" da Igreja Católica.

Diante desse cenário de reinvenção da igreja, "os "progressistas" vão sendo substituídos pelos conservadores e ultraconservadores" (FERNANDO, 2014, p. 39).

A RCC deu início ao pentecostalismo católico, segundo Fernando (2014), apresentando elementos como uma nova espiritualidade cristã que prioriza o gosto pela leitura da Bíblia, a crença nos dons do Espírito Santo, também são marcados pela noção de autoridade, obediência e identificação à Igreja Católica.

Para Fernando (2014, p. 47),

> [...] a pentecostalização do "povo" católico revela e sugere avanço do pensamento conservador, em detrimento das possibilidades reivindicadas pelos segmentos populares, que aderem o motivo da transformação social.

O pentecostalismo é um fenômeno de massa, segundo Fernando (2014, p. 48), representando o solo social onde os discursos e os valores pentecostais germinam e crescem de forma surpreendente.

Em meio a essa discussão, a RCC reinventa a pedagogia eclesial, conforme Fernando (2014), que aponta como os fiéis tomam consciência, ao contrário da Igreja oficial, tradicional, que podem exprimir sua crença, ter oração espontânea e diálogo com Deus. Por fim, Fernando (2014, p. 49) destaca elementos da socialização do pentecostalismo católico como: reconhecimento e obediência à autoridade papal, leitura bíblica, zelo missionário, relevância de dons e carismas, oração em línguas (glossolalia), culto ao Espírito Santo, à Virgem Maria e o fundamento básico da oração.

Entende-se, a partir disso, que a RCC como movimento dentro da Igreja engloba, além da conduta moral e religiosa, a instituição carismática por meio de elementos pentecostais. E dentro o surgimento e ascensão da RCC, nasceram as Novas Comunidades, dentro do mesmo espírito carismático e pentecostal. No entanto, esse movimento da Igreja constitui organismos independentes da administração da RCC. Por exemplo, possuem casas de missão, sedes próprias, registro civil, coordenações, estatutos e regras (SILVA, 2020).

Silva (2020, p. 49) descreve as características das Novas Comunidades e que diferem da RCC:

> a) vivência de um carisma10 próprio, que constitui a identidade comunitária e está intimamente ligado à pessoa de um fundador; b) reverência filial à Igreja, por meio de uma obediência ao papa e aos bispos e fidelidade ao ensinamento da tradição católica; c) forte comprometimento com a evangelização; d) vivência comunitária sob as formas de "vida" e de "aliança"; e) governo comum e organizado, sob a autoridade do fundador e seu conselho geral; f) presença de todos os estados de vida: clérigos e leigos, casados, celibatários e solteiros11; g) intenso apelo à vivência moral segundo os ensinamentos do Magistério da Igreja; e h) vida de oração intensa, tanto pessoal quanto comunitária.

Além dessas, características são definidas como uma Igreja dentro da Igreja, pela organização e forma de institucionalização, conforme Urquhart (2002, p. 70):

> Possuem uma centralização e organização interna competente; obediência ao Papa (extensiva a tudo o que emana do Vaticano); agilidade para disseminar os membros pela geografia do movimento; um trabalho molecular, penetrando todos os ambientes seculares; investimento maciço no trabalho vocacional, atraindo corpo a corpo os jovens; acompanhamento pedagógico, formação, mostrando "zelo apostólico" para controlar social e moralmente seus membros; ruptura temporal da biografia do membro, passando a ser lida sua vida a partir do momento em que ingressou na "obra"; fomento de relacionamentos circulares, pois no próprio movimento o membro encontra oportunidades de lazer, relacionamento afetivo, possibilidades de trabalho, ambientes reconfortantes, quase uma instituição total, absorvendo o tempo e a afetividade da pessoa; rigidez disciplinar, austeridade, emocionalismo, como princípios básicos de espiritualidade que se tornam epicentro do estilo de vida do membro. Em seu conjunto, essas caraterísticas transformam os movimentos em grupos capazes de produzir um "autoabastecimento", quase uma igreja dentro de outra.

Dentro desse processo de institucionalização das novas comunidades, está a comunidade católica Santíssima Trindade em Manaus, que faz parte do movimento das Novas Comunidades, que se caracterizam por serem constituídas de membros com diferentes estados de vida. Compõem o movimento: solteiros, viúvos e casados. Dessa forma, buscam responder ao chamado de Deus, servindo à comunidade, que, para cada uma, há orientações específicas de acordo com o Charis (*Catholic Charismatic Renewal Internacional Service*). Este órgão foi idealizado em 2015 e implementado em 2019, pelo Papa Francisco, no desejo de haver uma única representação que envolvesse todas as manifestações dentro da Igreja Católica, como a Renovação Carismática Católica e as Novas Comunidades.

Atualmente, 15 comunidades fazem parte desse movimento na Igreja no Amazonas. São, portanto, 13 na Arquidiocese de Manaus e duas no interior do estado, na Diocese de Parintins.

Com base no artigo 1º do estatuto, a Comunidade Católica de Aliança Santíssima Trindade é uma associação civil de direito canônico para fins não econômicos, que se propõe vivenciar e revelar a mentalidade comunitária do Reino de Deus e reviver a unção do Espírito Santo nas Famílias.

No artigo 3, institucionalmente, a comunidade funcionará por tempo indeterminado e tem como sede provisória na rua Álvaro Bandeira de Melo, 140, Conjunto Jardim Petrópolis, Bairro Petrópolis, Zona Sul de Manaus. Além disso, a comunidade poderá estabelecer-se onde convir, seja no Brasil, seja em outros países, onde as autoridades eclesiais precisarem dessa comunidade, bem como orações, amor pela Santíssima Trindade e pela Igreja. A comunhão e obediência à autoridade eclesiástica responsável pela Comunidade e ao responsável pela Igreja local são obrigatórias.

Nesse sentido, a comunidade se organiza em órgãos administrativos: diretoria executiva; assembleia geral; e conselho consultivo e espiritual.

7. OS VÍNCULOS NA COMUNIDADE CATÓLICA SANTÍSSIMA TRINDADE

Atualmente, existem vínculos dentro da Comunidade Católica Santíssima Trindade, que são importantes para entender como se dividem nos festejos. Nesta pesquisa, chamamos de categorias devotos, vocacionados e consagrados da Santíssima Trindade.

Nesse processo de organização e institucionalização, o estatuto que rege a Comunidade Católica Santíssima Trindade, no artigo 49, diz que "serão admitidos como membros da Comunidade as pessoas católicas praticantes, voluntárias, dispostas a frequentar o Santo Triságio Angélico mensalmente e as demais atividades da comunidade para interceder pelas famílias". No geral, trata-se de uma regra de convivência empregada aqueles.

> *O devoto é todo cristão né, toda pessoa que tem uma devoção que acredita na Santíssima Trindade, que ela é Pai, Filho e Espírito Santo. Então todo devoto ele não tem assim compromisso com a comunidade. Ele é um devoto, como pode ser devoto de Nossa Senhora, de São Sebastião, de qualquer outro santo. É devoto. Como a gente fala assim, o devoto é o povo em geral. Então esse é o devoto* (Maria Cleide Tenório, 2022).

O vocacionado é o passo para o compromisso com as atividades da comunidade. Ou seja, a partir do serviço pastoral e de vivência comunitária, essa pessoa se torna mais engajada, mas a partir de um chamado, definido a partir de sua particularidade e subjetividade.

> *O vocacionado é aquele que vê toda movimentação das pessoas que são engajadas nessa devoção da Santíssima Trindade. Então*

> *pra que não ficasse muito solto, senão nós íamos ser meros devotos, nós quisemos assim dar um passo. Então nós nos organizamos e decidimos fazer parte das Novas Comunidades, que faz parte da corrente de graça que o Papa Francisco fala, são as comunidades, movimentos que tem a espiritualidade carismática. Não significa que somos da Renovação Carismática, não, nós somos da corrente de graça* (Maria Cleide Tenório, 2022).

O caminho é divido em três passos dentro da comunidade. Isso parte do interesse do indivíduo, sendo que, no primeiro, o devoto não tem condições para ser, pois todo aquele que expressa sua fé e crença na Santíssima Trindade é um devoto, mas dentro da experiência comunitária é o primeiro passo. E essas pessoas são normalmente as mais interessadas em fazer parte; assim como pode haver o caminho inverso, de vocacionados declinarem e ficarem apenas como devotos, como ocorreu no ano de 2022 com a saída de alguns membros. O desejo pela missão reflete o carisma missionário da comunidade, ou seja, pertencer à comunidade Santíssima Trindade é ser missionário, e a partir disso que devotos também passam a trilhar o caminho do vocacionado.

> *Por isso nós decidimos fazer um caminho na comunidade católica Santíssima Trindade. Então do devoto em geral, vem o vocacionado. Ai, eu quero fazer o caminho com esta comunidade, eu quero saber por que que eles vão pra missão, porque que eles fazem missão no interior, porque que eles fazem os acampamentos com crianças, com jovens, adultos, com famílias, com casais. Por que que eles fazem esse trabalho? Então a pessoa, vamos dizer assim, se apaixona pelo carisma e vem pra fazer esse caminho. Então o primeiro passo é ele ser vocacionado* (Maria Cleide Tenório, 2022).

O vocacionado é um vínculo ainda em construção dentro da comunidade Católica Santíssima Trindade, e atualmente cinco pessoas integram esse círculo dentro da devoção e dos festejos da Santíssima Trindade. No geral, eles compõem um conselho dentro da comunidade, que auxilia o festeiro e juiz do mastro escolhido todos os anos. O passo seguinte é o de consagrado, que, até o momento, está em andamento, com a realização de três votos para chegar a esse status dentro da comunidade.

> *Nós estamos ainda construindo esse caminho do vocacionado, depois o segundo passo, nós partimos para os vínculos de compromissos. Eu já sou vocacionada, então vou fazer o tripé para chegar ao consagrado. Então eu faço os primeiros vínculos, que são os primeiros votos, o segundo e o terceiro que a gente chama de definitivo. Então, esses são os passos que a comunidade católica*

> *Santíssima Trindade faz até chegar ao terceiro passo que é ser consagrado* (Maria Cleide Tenório, 2022).

Sobre o entendimento de consagração, o documento *Vita Consecrata* (doravante VC) define como:

> [...] um dom de Deus Pai à sua Igreja, por meio do Espírito. Através da profissão dos conselhos evangélicos, os traços característicos de Jesus — virgem, pobre e obediente — adquirem uma típica e permanente 'visibilidade' no meio do mundo, e o olhar dos fiéis é atraído para aquele mistério do Reino de Deus que já atua na história, mas aguarda a sua plena realização nos céus. (VC 1).

Conforme esse documento, a principal característica de consagração é o professar, por meio de votos de pobreza, obediência e de castidade, principalmente à disposição para ser testemunha no "meio do mundo" (VC 25; 33). Some-se a essas características a dimensão da vida fraterna, "em virtude da qual as pessoas consagradas se esforçam por viver em Cristo com 'um só coração e uma só alma' (At 4,32), se apresenta como uma eloquente confissão trinitária" (VC 21).

Segundo Almada (2013, p. 91), as Novas Comunidades trazem uma perspectiva diferenciada e são denominadas na *Vita Consecrata* como "novas expressões de vida consagrada" (n. 12) e "novas formas de vida evangélica" (n. 62), podendo ser consideradas, também, "vocações eclesiais de doação plena". Portanto, sua singularidade e originalidade se encontram, sobretudo, na prevalência laical em sua forma de organização eclesial (JOÃO PAULO II, 1998, p. 6), sendo frutos da eclesiologia conciliar e da valorização do laicato ou de certas expressões do laicato.

Conforme assinala Souza (2019, p. 1224), em seu artigo sobre o catolicismo entre a tradição e modernidade, as novas comunidades recebem essa denominação "para diferenciar-se das comunidades paroquiais, das Comunidades Eclesiais de Base, das comunidades religiosas e dos Novos Movimentos Eclesiais".

Dentro das novas comunidades, há duas formas de expressões, segundo Souza (2019, p. 1224):

> Comunidades de Vida e Comunidades de Aliança. As primeiras se articulam ao redor de leigos, casais e consagrados que vivem sob o mesmo teto, dividindo seu sustento e se comprometendo igualmente pela manutenção da Comuni-

> dade de Vida; já as segundas são compostas por pessoas que aderiram ao carisma de uma comunidade, mas continuam vivendo em suas casas e mantendo sua vida profissional, embora vinculadas à Comunidade.

A organização das novas comunidades foi estabelecida a partir do dia 30 de novembro de 1990, quando o decreto do Pontifício Conselho para os Leigos erigiu a *Catholic Fraternity of Charismatic Covenant Communities and Fellowships* (Fraternidade Católica das Comunidades e Fraternidades Carismáticas de Aliança) como uma Associação Privada de Fiéis Cristãos de Direito Pontifício (Souza, 2019). A nível nacional, a organização se dá por meio da *Frater* e já foi presidida por Monsenhor Jonas Abib, fundador da comunidade Canção Nova, falecido no ano de 2022 (FRATERNIDADE DAS NOVAS COMUNIDADES, 2008).

Os grupos das novas comunidades são compostos de homens e mulheres, de clérigos e leigos, de casados e solteiros, seguindo um estilo particular de vida, inspirado, às vezes, numa ou noutra forma tradicional ou adaptado às exigências da sociedade atual. Segundo o documento *Vita consecrata*, o seu compromisso de vida evangélica exprime-se em formas diversas, manifestando-se, como tendência geral, como uma intensa aspiração à vida comunitária, à pobreza e à oração. No governo, participam clérigos e leigos, segundo as respectivas competências, e o fim apostólico vai ao encontro das solicitações da nova evangelização (VC 62).

As novas comunidades não estão à margem da Igreja, ou são algum movimento independente reformador, pois estão situadas como associações de fiéis, e sua normativa passa pela normativa desses tipos de associações (CNBB, 2005, n. 25-56). Dessa forma, o Código de Direito Canônico reconhece em três tipos diferentes:

> 1) associações públicas, erigidas pela autoridade eclesiástica; 2) associações privadas, erigidas pelos fiéis e aprovadas pela autoridade eclesiástica; 3) condomínios, que são associações privadas que não foram elevadas à personalidade jurídica na Igreja (cân. 310) (CNBB, 2005, n. 19).

Segundo o Código de Direito Canônico:

> Na Igreja existem associações, distintas dos institutos de vida consagrada e das associações de vida apostólica, nas quais os fiéis, clérigos ou leigos, ou conjuntamente clérigos e leigos, se empenham, mediante esforço comum, por alimentar uma vida

> mais perfeita e promover o culto público, a doutrina cristã ou outras obras de apostolado, isto é, iniciativas de evangelização, exercício de obras de piedade ou caridade, e animação da ordem temporal com espírito cristão. (CIC, 1983, 298).

Para Souza (2019, p. 1226), "as Associações de Fiéis e as Novas Comunidades podem ser pensadas como novos sujeitos eclesiais". Ambos reúnem pessoas compromissadas por meio de formas particulares de consagração e que se pautam em novos carismas ao redor de um fundador ou fundadora (SOUZA, 2019, p. 1226). Conforme Max Weber (1991, p. 361), o fundador de uma comunidade refere-se ao profeta que herda o dom, um profeta ético-religioso que se se define como instrumento de Deus, bem como profeta exemplar que assinala com a própria vida a salvação.

Dessa forma, buscam responder aos desafios pastorais e da evangelização que a contemporaneidade apresenta (SOUZA, 2019). Dentro desse processo, a comunidade católica é a única carismática em Manaus que apresenta três categorias alicerçadas em um ponto central, que é a devoção a Santíssima Trindade expressadas em manifestação religiosa e popular.

Ao passo do entendimento da Igreja sobre o conceito e a vocação do leigo, o documento Lumen Gentium (2022) assinala no Capítulo IV que:

> Por leigos entendem-se aqui todos os cristãos que não são membros da sagrada Ordem ou do estado religioso reconhecido pela Igreja, isto é, os fiéis que, incorporados em Cristo pelo Baptismo, constituídos em Povo de Deus e tornados participantes, a seu modo, da função sacerdotal, profética e real de Cristo, exercem, pela parte que lhes toca, a missão de todo o Povo cristão na Igreja se no mundo.

Além disso, o documento, também no capítulo IV, aponta ser "própria e peculiar dos leigos a característica secular". Portanto, assim diz o Lumen Gentium:

> Por vocação própria, compete aos leigos procurar o Reino de Deus tratando das realidades temporais e ordenando-as segundo Deus. Vivem no mundo, isto é, em toda e qualquer ocupação e actividade terrena, e nas condições ordinárias da vida familiar e social, com as quais é como que tecida a sua existência. São chamados por Deus para que, aí, exercendo o seu próprio ofício, guiados pelo espírito evangélico, concorram para a santificação do mundo a partir de dentro, como o fermento, e deste modo manifestem Cristo aos outros, antes

de mais pelo testemunho da própria vida, pela irradiação da sua fé, esperança e caridade. Portanto, a eles compete especialmente, iluminar e ordenar de tal modo as realidades temporais, a que estão estreitamente ligados, que elas sejam sempre feitas segundo Cristo e progridam e glorifiquem o Criador e Redentor.

De modo geral, entende-se a orientação do leigo também à vida consagrada, conforme é apresentada a vivência dentro do movimento das Novas Comunidades na Igreja Católica.

Na exortação apostólica, Evangelli Gaudium (2013), capítulo I, tópico 127, apresenta-se a Igreja como desejo de uma profunda renovação missionária e uma forma de evangelizar a todos como tarefa diária, ou seja,

> [...] cada um levar o Evangelho às pessoas com quem se encontra, tanto aos mais íntimos como aos desconhecidos. É a pregação informal que se pode realizar durante uma conversa, e é também a que realiza um missionário quando visita um lar.

Nesse sentido, o documento também aponta ser discípulo para levar aos outros o amor de Jesus, sendo feito de forma espontânea "em qualquer lugar: na rua, na praça, no trabalho, num caminho" (EVANGELLI GAUDIUM, 2013, p. 44).

Os preceitos apresentados, portanto, indicam um caminho para o leigo que escolhe a vida consagrada e religiosa, adaptando-se ao meio, que podemos indicar principalmente a vida na metrópole, como Manaus.

Sobre os carismas a serviço da comunhão evangelizadora, o Evangelli Gaudium afirma que o Espírito Santo

> [...] não se trata de um património fechado, entregue a um grupo para que o guarde; mas são presentes do Espírito integrados no corpo eclesial, atraídos para o centro que é Cristo, donde são canalizados num impulso evangelizador (EVANGELLI GAUDIUM, 2013, p. 45).

Como prova de que as novas comunidades abarcam diferentes modos de vida, a exortação apostólica Evangelii Gaudium (2013, p. 45) assinala:

> As diferenças entre as pessoas e as comunidades por vezes são incómodas, mas o Espírito Santo, que suscita esta diversidade, de tudo pode tirar algo de bom e transformá-lo em dinamismo evangelizador que actua por atracção. A diversidade deve ser sempre conciliada com a ajuda do Espírito Santo; só Ele pode

> suscitar a diversidade, a pluralidade, a multiplicidade e, ao mesmo tempo, realizar a unidade. Ao invés, quando somos nós que pretendemos a diversidade e nos fechamos em nossos particularismos, em nossos exclusivismos, provocamos a divisão; e, por outro lado, quando somos nós que queremos construir a unidade com os nossos planos humanos, acabamos por impor a uniformidade, a homologação. Isto não ajuda a missão da Igreja.

Com base nos apontamentos dos documentos da Igreja Católica, é que entendemos a orientação sobre a vida do leigo na vida missionária. Nesse sentido, Franco (2008) mostra um processo de renovação geral de diferentes institutos de vida consagrada na Igreja. Houve, segundo o autor, "um processo de revisão de vida, um esforço significativo de adaptação da sua experiência institucional aos novos tempos através de um regresso às fontes carismáticas que estiveram na base da sua fundação" (FRANCO, 2008, p. 554). Como parte da mesma corrente de graça carismática inspirada pelo Espírito Santo, a consagração se tornou um modo autêntico de vida adaptada à realidade mais moderna. Franco (2008, p. 554) pontuou que a renovação da vida religiosa seguiu uma forma "mais profética, mais evangélica, mais aberta e dialogal na sua atenção às aspirações da sociedade contemporânea e mais encarnada na vida dos homens".

Após compreender os conceitos e como ocorreram as adaptações da vida consagrada na Igreja, principalmente ao leigo, chegamos ao ser consagrado da Comunidade Católica Santíssima Trindade, como terceiro e último passo como o compromisso de doação total Trindade, priorizando as atividades em relação à comunidade, sobretudo ao que está relacionado aos festejos.

> O consagrado é aquela pessoa que coloca a Santíssima Trindade acima de qualquer coisa. A sua devoção, o seu apostolado, a sua missionariedade, ela está voltada para a Santíssima Trindade. Ah, eu vou cuidar da minha família, está certo, nós vamos cuidar da nossa família, nós vamos cuidar do nosso trabalho, nós vivemos do nosso trabalho, mas acima do nosso trabalho, da nossa família, das nossas coisas pessoais está a Santíssima Trindade. É assim que nós fazemos nossa parte, como devoto como devoto, vocacionado e como consagrado (Maria Cleide Tenório, 2022).

No sentido de vida descrito por Maria Cleide é que se baseia como as novas comunidades, mesmo assumindo elementos ascéticos, espirituais e fórmulas herdadas da tradição monástica, se situam na ponta mais avançada da metamorfose da vida consagrada católica (FRANCO, 2008). Ou seja, há, dentro das obrigações da vida do consagrado, "formas e lugares de constituir e viver essa vida de entrega como possibilidade de testemunho fecundador" (FRANCO, 2008, p. 556).

Ao discutir sobre a busca da salvação, Max Weber (2015) apresenta formas de renúncias ao mundo, que estão ligadas à vida religiosa do leigo consagrado, como o misticismo e o ascetismo. Segundo Weber (2015), o misticismo é um estado de possessão, e não de ação, ou seja, torna-se um "receptáculo" do divino. A ação mundana tem que se manifestar como um perigo para o transe religioso totalmente irracional e ultraterreno (WEBER, 2015, p. 52). Por outro lado, o ascetismo se opõe ao misticismo, pois é a busca da dominação do que é animal e perverso por meio do trabalho em uma "vocação" mundana (WEBER, 2015, p. 52). Nesse sentido, o ascetismo é contrário ao misticismo, pois este se torna uma fuga completa do mundo (WEBER, 2015, p. 52).

Ao contrário do ideal de *Fuga Mundi* (Fuga do Mundo), constituído nas origens do monarquismo cristão, nos séculos IV, V e VI, ao fim da História Antiga da Igreja, com ordens religiosas com muros separadores da vida do mundo, a vida religiosa passou a obter um novo sentido, principalmente com as novas comunidades na Igreja Católica. Trata-se, portanto, do *Vita in mundi*, ou viver no mundo, com a missão de levar o Evangelho a todos. O mundo antes demonizado e visto como realidade desvalorizada, de que se deve fugir, passou ser um lugar para se estar, viver e transformar, conforme aponta Franco (2008). Além disso, é dentro das novas comunidades, pelo acolhimento e da ida ao mundo, apesar de natureza laical dominante, são plurivocaionais, recebendo "diferentes estados de vida dentro da Igreja: sacerdotes, religiosos, leigos, casados ou celibatários" (FRANCO, 2008, p. 556).

A nova realidade dentro da igreja como o *Vita in mundi* está ligado ao Concílio Vaticano II, convocado pelo papa João XXVIII, no ano de 196, falecido durante a realização do concílio, que impulsionou a atuação de líderes religiosos e de teólogos católicos no Brasil e na América Latina (ANDRADE, 2019).

Rodrigo Fadul Andrade (2019, p. 146) pontua que o concílio finalizado pelo papa foi "um marco na igreja católica e seu processo de inserção religiosa no mundo moderno". A partir daquele momento, as "questões como desigualdade social, economia, política e outros assuntos contemporâneos foram tratados pelos bispos durante o evento, no intuito de refletir sobre a presença da igreja naquele contexto de transformações sociais" (ANDRADE, 2019, p. 146).

Segundo Andrade (2019, p. 147), "o concílio reforçou ainda mais os ideais da teologia da libertação, pois possibilitou que a doutrina católica estivesse mais próxima dos fiéis". No entanto, há aqueles que condenam essas interpretações, dentro da própria Igreja, com alegação de que tais ideias afrontam a liturgia católica romana e não devem ser propagadas, pois estariam próximas a ideais "comunistas" ou "marxistas" (ANDRADE, 2019).

Diferentemente dos católicos fundamentalistas e condenadores de ideologias apontadas como de "esquerda", por vocação e liderança, a fundadora da comunidade e precursora dos festejos em devoção da Santíssima Trindade em Manaus, Maria Cleide Tenório, apenas segue um caminho para se tornar consagrada e é uma das vocacionadas convictas para dar esse último passo. Mesmo simpatizante de ideais progressistas, a personagem desta pesquisa preza pelo coletivo e pela vida religiosa, independentemente de ideologia, mesmo que carregue consigo alguma.

Portanto, além de toda história de vida devota à Trindade, um dos pontos que chama atenção é que, após se aposentar do serviço público há seis anos, Maria Cleide passou a se dedicar inteiramente a essa vida missionária em busca da consagração e do último passo dentro da comunidade.

> *Eu tenho convicção do que eu quero, eu quero sim, tô caminhando pra isso, apesar da minha idade, pra mim não significa impedimento, mas tô caminhando pra fazer os votos definitivo, pra ser realmente consagrado da comunidade* (Maria Cleide Tenório, 2022).

Como experiência comunitária, desde 2014, a comunidade tem trabalhado nesse caminho para organização de seus membros. No entanto, nos últimos anos, houve uma parada obrigatória para estruturação física do espaço utilizado, como a busca por uma casa de missão somente para a comunidade, com a visão de institucionalizar e melhor acolher novos membros futuramente.

> *Nós estamos experimentando fazer ano a ano, mas agora ultimamente nós fizemos uma parada pra refletir, tomar outras providências, outras iniciativas, por exemplo hoje nós precisamos ter uma casa de missão. Nós ainda fazemos parte de uma residência, que apesar de ser da fundadora, é uma residência, onde a gente*

> *não tem uma liberdade de dizer, olha isso daqui é da Santíssima Trindade. Então, nós estamos partindo pra adquirir esse imóvel pra termos nossa casa de missão, pra que nossa comunidade, ela crie uma cara de instituição, que a gente está construindo essa instituição* (Maria Cleide Tenório, 2022).

Como os vínculos com a Santíssima Trindade também estão inseridos no processo burocrático da comunidade católica, o estatuto rege sobre como procedem com a saída de membros, muitas das vezes, que preferem seguir somente como devotos, mantendo relação somente com a devoção e os festejos. A seguir, segue o que dispõe o artigo 49:

> § 1o - O membro que desistir da Comunidade não terá direitos trabalhistas nem previdenciários e também a nenhuma remuneração, nem direito a levar de volta algum bem patrimonial ou objeto de valor que tenha doado na comunidade quando entrou.

> § 2º- todo e qualquer objeto doado a Comunidade faz parte do patrimônio da comunidade, exceto os objetos de cunho profissional de cada membro;

> Paragrafo Primeiro: Os objetos de doação e que forem utilizados pelos juízes do mastro e festeiros para a festa da Santíssima Trindade serão da Comunidade.

> Paragrafo segundo: Está doação será feita por termo de doação assinado.

No artigo 51 do estatuto, é descrito que os vinculados à comunidade devem respeitar "o regimento Interno da Comunidade, zelar pelos seus interesses, acatar e cumprir as decisões da Diretoria e Assembleia Geral".

Com as atividades desenvolvidas nos festejos da Santíssima Trindade, o artigo 52 do estatuto apresenta as competências aos vocacionados integrantes da comunidade de aliança:

> I – Participar de reuniões, Vigilias, novenas, Santo Triságio Angélico, intercessão, retiros e eventos promovidos pela mesma;

> II – Acatar as orientações da Presidência;

> III - Promover, dentro da Igreja Católica Apostólica Romana, uma mentalidade Comunitária.

IV Aprofundar-se na doutrina da igreja católica apostólica romana, através dos documentos da igreja

V- Participar da santa missa pelo menos uma vez por semana, além do domingo.

VI - Participar da adoração ao Santíssimo Sacramento toda quinta feira

VII- Viver intensamente os carismas do Espírito Santo e exortar os demais membros nesta vivência.

VIII- Buscar sempre a reconciliação e o perdão com os demais devotos

IX – Todo devoto membro poderá assumir cargo de coordenação/ou atividades pastorais na área missionaria/paroquia desde que seja dado ciência a diretoria executiva.

São esses elementos que indicam como cada vez mais a comunidade Católica Santíssima Trindade se institucionaliza e busca organizar-se para que seja mais bem estruturada, mas sem impedir que novos membros façam parte. No entanto, a tendência de institucionalização é um caminho que parece não ter volta e tem nos dias atuais aval por todos os participantes vocacionados de dentro da coordenação.

De acordo com Max Weber (1991), entendemos a comunidade como um lugar social de extrema importância para a reconstrução de identidades religiosas.

Para compreensão do ser comunidade, Weber (1991) aponta a relação social como relação comunitária, a qual repousa no sentimento subjetivo de pertencer ao mesmo grupo. Há também a relação associativa, em que Weber (1991) aponta como união de interesses racionalmente motivados, referente a valores, fins, crença ou compromissos próprios. Essas caraterísticas de comunidade definidas por Weber (1991) reforçam a tendência da institucionalização desenvolvida na Santíssima Trindade, pois todos os indivíduos, independentemente da categoria que façam parte, estão em uma relação comunitária e associativa.

Para Weber (1991, p. 25), a relação comunitária pode apoiar-se em todas as espécies de fundamentos afetivos, emocionais ou tradicionais: uma confraria inspirada, relação erótica, relação de piedade, comunidade "nacional", uma tropa unida por sentimento de camaradagem.

Com base no autor, as relações sociais também possuem caráter comunitário e familiar, com a criação de valores emocionais. E, dentro da própria "institucionalização" na comunidade, são as relações sociais que contribuem para organização e desenvolvimento das atividades burocráticas e religiosas.

Segundo Weber (1991, p. 25), a relação social, por seu sentido normal, é comunitária e poder ser orientada de modo racional referido a fins, por parte de alguns ou todos os participantes, como as práticas regidas pelo estatuto na Comunidade Católica Santíssima Trindade, que, apesar de ser composto por leigos, necessitam de organização e "regras" a serem cumpridas para realização de finalidades em comum.

Por fim, compreendemos, a partir de Weber (1991), que, dentro da relação social, há um antagonismo entre a associativa e a comunitária, apesar de características semelhantes. Enquanto a relação associativa está condicionada ao interesse comum, seja econômico, seja ideológico, a relação comunitária é mais abrangente por apresentar elementos sentimentais, de pertencimentos dos indivíduos ao grupo, ou da comunidade.

8. OS COSTUMES E A BUSCA DO PERTENCIMENTO DOS DEVOTOS DA SANTÍSSIMA TRINDADE AO ESPAÇO URBANO

Em sua obra *O processo civilizador*, Norbert Elias (1994) discute sobre o conceito de civilização referente às sociedades ocidentais do nível da tecnologia, ao tipo de maneiras, ao desenvolvimento dos conhecimentos científicos, às ideias religiosas e aos costumes.

Os alemães, segundo Elias (1994), tomam consciência de si e de suas realizações utilizando a palavra *Kultur*. O termo empregado pelos alemães, de acordo com Elias (1994, p. 24), alude a fatos intelectuais, artísticos e religiosos e apresenta a tendência de tratar uma nítida linha divisória entre fatos deste tipo, por um lado, e fatos políticos, econômicos e sociais, por outro.

Apesar de a palavra *Kultur* se referir à busca por uma identidade e consciência de nação, empregamos a singularidade de um indivíduo que busca pertencimento a um espaço, e tudo isso encontramos na cidade. Portanto, podemos discutir o cenário de como, por exemplo, os costumes dos devotos e vocacionados da Santíssima Trindade estão intrinsecamente ligados ao seu pertencimento ao festejo, à devoção e às influências de costumes no cotidiano, em seu modo de vida urbano.

A exemplo desta discussão baseada em Norbert Elias (1994), a busca dos devotos para realização das novenas em honra à Santíssima Trindade em suas casas está ligada ao costume de caráter religioso, além da fé e da crença, pois ser devoto também caracteriza o indivíduo como participante do festejo e seu pertencimento àquela manifestação ao próprio local onde é realizado, sendo assim, um espaço urbano dentro de uma comunidade e de um bairro na cidade de Manaus.

Outro elemento que ajuda a definir o indivíduo devoto morador de uma metrópole amazônica é a participação dos festejos, por meio do interesse de fazer parte de uma das equipes de serviços voluntários dispostos e organizados para atender às demandas de organização, como ornamentação, confecção do andor, música, teatro, dança. Como uma manifestação há três décadas, essa busca também virou um costume dentro do festejo, em que todos procuram seu lugar a favor da Santíssima Trindade. E apesar de não se tratar de identidade de nação abordada por Norbert Elias (1994), fazemos referência a como essas expressões de devoção e fé move os indivíduos no espaço urbano, formando sua identidade religiosa, assim também influenciando nas relações entre vizinhança, famílias e comunitários. Ou seja, estar mais próximo da Santíssima Trindade ao colaborar com os festejos gera pertencimento dos indivíduos àquele espaço.

CONSIDERAÇÕES FINAIS

Ao longo desta obra, procurei demonstrar as manifestações e os elementos presentes nos festejos em honra à Santíssima Trindade em Manaus e suas relações no contexto urbano amazônico.

Conhecer uma festa realizada há 37 anos na capital amazonense foi o primeiro passo para compreender o que de fato se tratava, quando se descrevia as manifestações, sobretudo, relacionadas à crença e devoção à Santíssima Trindade.

A abordagem desse festejo no meio urbano pode refletir como existem novas formas de viver e expressar o catolicismo popular, de certa forma, um modo de sobrevivência levando em contato o contexto social metropolitano, de uma vida mais acelerada e de preocupações que poderiam limitar o indivíduo de ser religioso.

A articulação de elementos históricos desvendados dentro do festejo e a discussão sobre modernidade possibilitaram um novo olhar para a manifestação, em sua relação histórica com o Divino Espírito Santo, o processo de colonização portuguesa na Amazônia, a migração açoriana, a relação com a cidade.

Com a descrição etnográfica realizada por meio das conversas informais, podemos constatar a grandiosidade dos festejos, a partir de diversos elementos que geram significado a cada rito presente, como o significado e o sentido gerados na participação das pessoas nas novenas, no triságio, na ladainha etc.

Os relatos de devotos sobre os milagres atribuídos à Santíssima Trindade mostram também como esse contexto de expressão de catolicismo popular na cidade apresenta como essas manifestações sobrevivem em meio à cidade. Os problemas vividos e ocasionados a partir do cotidiano, como saúde, emprego, família e demais questões particulares, passam a ser solucionados por meio da intervenção divina, devido à procura dos indivíduos pela vida religiosa, pela busca de um "oásis" dentro da metrópole amazônica.

A continuidade dos festejos em Manaus também chama atenção neste trabalho. Como é que algo que surgiu com uma complexidade que lhe é peculiar no distrito da Barreira do Andirá, zona rural de Barreirinha, no interior do Amazonas, migrou para Manaus e se sustenta até os dias de hoje? A resposta para esse questionamento está na base do catolicismo popular, de como a precursora dessa festa desenvolveu e adaptou essas manifestações para um grande centro urbano. O engajamento de Maria Cleide Tenório na criação da área missionária Santa Catarina de Sena, sua bagagem religiosa e cultural na Diocese de Parintins e todo contexto familiar envolvendo a Santíssima Trindade ajudaram-na a fortalecer os ritos da festa em Manaus. As relações sociais comunitárias, além do vínculo familiar, também possibilitaram que essa festa ganhasse adeptos fora desse círculo de pessoas. E com o passar dos 37 anos, os indivíduos passaram a buscar na Trindade formas de expressar sua fé, estabelecendo uma relação de dependência e ajudando a manutenção dessas manifestações na capital amazonense. Mesmo que não se realize mais a festa em seu local de origem, na Barreira do Andirá, as raízes se mantêm, mas com adaptações para rememorar o princípio do festejo.

A expressão do catolicismo popular presente nos festejos da Santíssima Trindade também nos permitiu compreender que a sobrevivência e manutenção dessa manifestação está além da própria Igreja Católica e de sua liturgia, pois, a partir da realização de leigos, o festejo de certa forma é independente. Diante disso, constata-se que os ritos em grande parte ocorrem fora do espaço sagrado da Igreja, rompendo os paradigmas religiosos litúrgicos e fortalecendo a fé e devoção das pessoas para com a Trindade.

Sobre o artefato da Santíssima Trindade, chamado de "imagem" pelos devotos, é a representação também do Divino Espírito Santo, conforme os registros feitos por historiadores e folcloristas a respeito dessa festa difundida com a migração açoriana pelo mundo, principalmente, na região amazônica. Nesse sentido, cabe ressaltar que, apesar de originalmente simbolizar o poder da Coroa Portuguesa sobre determinado local, para os fiéis devotos, é algo divino, sagrado, com poder sobrenatural. Portanto, a Santíssima Trindade, ainda que não pertença como santo de altar da Igreja Católica, é celebrada em solenidade, com a exaltação do artefato como manifestação do catolicismo popular, sobretudo em Manaus, e gera sentido para aqueles que a cultuam, pedindo milagres, praticando o ex-voto, dessa forma, mantendo uma relação devocional.

Esta obra permitiu também relatar contextos históricos envolvendo a área missionária Santa Catarina de Sena, inclusive, fundação e desenvolvimento a partir dos precursores da festa em honra à Santíssima Trindade em Manaus. A compreensão desse espaço urbano, percebendo o bairro de Petrópolis populoso e multicultural como uma cidade dentro da metrópole.

Os diversos modos de vida urbano apontaram-nos um caminho de ressignificação das manifestações da Santíssima Trindade. Por exemplo, os vínculos dentro da Comunidade Católica Santíssima Trindade, atual mantenedora do festejo, são baseados em documentos da Igreja e estão relacionadas à discussão sobre as relações de associação e comunitárias de Max Weber (1991). A partir disso, pode-se entender como se constroem e se desenvolvem as relações dentro do festejo, em diferentes categorias: devoto, vocacionado e consagrado.

Além das constatações e dos desdobramentos da pesquisa, houve limitações e muitas dificuldades, principalmente pelo contexto atípico da pandemia do novo coronavírus, a Covid-19, que atingiu o planeta de forma violenta a partir do fim de 2019. Em grande parte, acompanhar de fato os festejos, ainda que seja como um pesquisador participante, foi difícil, pois, entre o início e o fim da pandemia, não foram realizadas as manifestações como ocorriam anos antes. Mas, a partir de relatos, foi possível registrar cada detalhe e elemento presente nessa manifestação da Santíssima Trindade, bem como a minha própria participação de festejos de anos anteriores à pandemia, nesse caso, no ano de 2019, último a ser realizado antes da pandemia.

Mesmo diante das dificuldades impostas pela Covid-19, o trabalho foi realizado e deu um passo importante ao registrar a história desse festejo em Manaus, descrevendo, por meio do método etnográfico, todas as manifestações, a participação dos indivíduos, o contexto histórico amazônico, entre o catolicismo popular, a colonização portuguesa na Amazônia, a religião, a cultura, a cidade, o urbano e as discussões que envolvem a modernidade relacionada ao ser humano, seja na vida religiosa, seja fora dela, mas que nos mostra que todo indivíduo em si tende a ser um pouco religioso, perto ou longe da Igreja, ou até mesmo nas expressões do catolicismo popular, como nos festejos da Santíssima Trindade realizados há 37 anos na capital amazonense, em que fé e devoção são demonstradas além do rito, pois o sentido também é gerado na crença.

REFERÊNCIAS

ABREU, Martha. **O Império do Divino: festas religiosas e cultura popular no Rio de Janeiro, 1830—1900.** Rio de Janeiro: Nova Fronteira; São Paulo: Fapesp, 1999.

AGIER, Michel. **Antropologia da cidade:** lugares, situações, movimentos. São Paulo: Editora Terceiro Nome, 2011.

ALMADA, Roberto. **O cansaço dos bons: a logoterapia como alternativa ao desgaste profissional.** São Paulo: Cidade Nova, 2013.

ALMEIDA, J. F.; PINTO, J. M. **A investigação nas Ciências Sociais.** Lisboa: Editorial Presença, 1975.

ANDRADE, Rodrigo. Fadul. **Festas e devoções marianas em Manaus, Itacoatiara e Manacapuru, Amazonas:** catolicismo popular e vida urbana. 2019. Tese (Doutorado em Antropologia Social) – Universidade Federal do Amazonas, Manaus, 2019. Disponível em: https://www.tede.ufam.edu.br/bitstream/tede/7187/5/Tese_RodrigoAndrade_PPGAS.pdf. Acesso em: 25 set. 2022.

AZEVEDO, M. Q. **O culto a Maria no Brasil:** história e teologia. Aparecida - SP: Editora Santuário; Academia Marial, 2001.

BALESTRERO, H. L. **Subsídios para o estudo da geografia e da história do município de Viana.** 2. ed. Viana - ES: Ed. JEP Gráfica, 2012. (Primeira edição em 1951).

BASSADONNA, Giorgio; SANTARELLI, Giuseppe. **Ladainhas de Nossa Senhora.** Tradução de João Rezende Costa. Edições Loyola, São Paulo, Brasil, 2000.

BAUMAN, Zigmunt. **O mal estar da pós modernidade.** Tradução de Mauro Gama, Cláudia Martinelli Gama. 1. ed. Rio de Janeiro: Zahar, 2022.

BAZTÁN, A. Etnografia. *In:* BAZTÁN, A. A. (ed.). **Etnografia:** metodologia cualitativa en la investigación sociocultural. Barcelona: Marcombo, 1995. p. 3-20.

BERGER, Peter. **O dossel sagrado: elementos para uma teoria sociológica da religião.** São Paulo - SP: Paulus, 1985.

BERGER, Peter. **Os múltiplos altares da modernidade:** rumo a um paradigma da religião numa época pluralista. Petrópolis - RJ: Vozes, 2017.

BERGER, Peter L. LUCKMANN, Thomas. **A construção social da realidade: tratado de sociologia do conhecimento**. Rio de Janeiro: Editora Vozes, 2004.

BERGER, Peter; LUCKMANN, Thomas. **Modernidade, pluralismo e crise de sentido:** a orientação do homem moderno. 2. ed. Petrópolis - RJ: Vozes, 2012.

BERNARDI, Bernardo. **Introdução aos estudos etno-antropologicos:** perspectivas do homem. São Paulo: Edições 70, 1974.

BÍBLIA. Português. **Bíblia Sagrada Ave Maria**. São Paulo: Editora Ave Maria, 2019. (Edição Claretiana).

BOURDIEU, Pierre (1987), "La dissolution du religieux", in Choses dites, Paris, Éditions de Minuit, p. 117-123.

CARIA, T. A construção etnográfica do conhecimento em Ciências Sociais: reflexividade e fronteiras. *In:* CARIA, T. (org.). **Experiência Etnográfica em Ciências Sociais**. Porto: Edições Afrontamento, 2002. p. 9-20.

CASCUDO, Luís da Câmara. **Dicionário do Folclore Brasileiro.** 12 ed. São Paulo: Global, 2012.

CATECISMO da Igreja Católica - Igreja Católica Apostólica Roma. **A Santa Sé**. Disponível em: https://www.vatican.va/archive/cathechism_po/index_new/p1s2c1_198-421_po.html. Acesso: 20 maio 2023.

CAUHÉ, S. Entrevistas y cuestionarios. *In:* BAZTÁN, A. A. (ed.). **Etnografia: metodologia cualitativa em La investigación** sociocultural. Barcelona: Marcombo, 1995. p. 171-180.

CNBB. **Manual das Indulgências**. São Paulo: Edições Paulinas, 1990.

CNBB. Subsídios doutrinais da CNBB. **Igreja particular, movimentos eclesiais e novas comunidades**. São Paulo: Paulinas, 2005.

CIC. **Código de Direito Canônico**. São Paulo: Loyola, 1983.

CONCÍLIO de Niceia. **Toda Matéria**. Disponível em: https://www.todamateria.com.br/concilio-de-niceia/. Acesso em: 20 maio 2023.

CORDEIRO, C.; MADEIRA, A. B. **A emigração açoriana para o Brasil (1541-1820)**. Arquipélago. História, 2ª série, VII. Editora: Universidade dos Açores, 2003. Disponível em: https://repositorio.uac.pt/handle/10400.3/384. Acesso em: 8 nov. 2023.

COMUNIDADE Católica Santíssima Trindade (org.). **Devocionário da Santíssima Trindade**. Manaus: Arquidiocese de Manaus.

DEL PRIORE, Mary Lucy. **Festas e Utopias no Brasil colonial**. São Paulo: Brasiliense, 2000.

DURKHEIM, Émile. **As Formas Elementares da Vida Religiosa**. Tradução de Paulo Neves. São Paulo: Martins Fontes, 1996.

DURKHEIM, Émile. **Sociologia e Filosofia.** Tradução de Evelyn Tesche. São Paulo: Edipro, 2015.

ELIADE, Mircea. **O sagrado e o profano: a essência das religiões**. Tradução Rogério Fernandes. 4. ed. – São Paulo: Editora WMF Martins Fontes, 2018.

ELIAS, Nobert. **O processo civilizador**. Tradução Ruy Jungman. v. 1. 2. ed. Rio de Janeiro: Jorge Zahar ed., 1994 2v.

ERICKSON, F. Qualitative methods in research on teaching. *In:* WITTROCK, M. C. **Handbook of research on teaching**. New York: Macmillan, 1986. p. 119-161.

ETZEL, Eduardo. **Divino. Simbolismo no folclore e na arte popular.** São Paulo: Giordano; Rio de Janeiro: Kosmos, 1995.

EVANGELII Gaudium. **Exortação Apostólica sobre o anúncio do Evangelho no mundo atual.** A Santa Sé, 24 nov. 2013. Disponível em: https://www.vatican.va/content/francesco/pt/apost_exhortations/documents/papa-francesco_esortazione-ap_20131124_evangelii-gaudium.html#Todos_somos_disc%C3%ADpulos_mission%C3%A1rios. Acesso em: 26 set. 2022.

FERNANDO, Adelson da Costa. **Globalização, religião e mercado de bens simbólicos: manifestações carismáticas na cidade de Manaus**. São Paulo: Todas as musas, 2014.

FERRETI, Sergio. Sincretismo e Religião na Festa do Divino. **Anthropológicas**, ano 11, v. 18, n. 2, 2007. Disponível em: https://periodicos.ufpe.br/revistas/revistaanthropologicas/article/view/23703. Acesso em: 10 out. 2022.

FRAGATA, Gabriel Ferreira; BRAGA, Sergio Ivan Gil. Os Festejos da Santíssima Trindade e a relação com a vida urbana em Manaus. V SISCULTURA, Programa de Pós-Graduação Sociedade e Cultura na Amazônia, da Universidade Federal do Amazonas, 22 a 25 de novembro de 2022. **Anais**. Manaus, 2022. Disponível em: https://www.even3.com.br/5siscultura2022/. Acesso em: 15 dez. 2022.

FRANCO, José Eduardo. Da fuga mundi à vita in mundo: Comunidades novas e outras metamorfoses da vida consagrada. **REVISTA LUSÓFONA DE CIÊNCIA DAS RELIGIÕES** – ANO VII, 2008 / n. 13/14, p. 553-558. Disponível em: *https:// revistas.ulusofona.pt/index.php/cienciareligioes/* . *Acesso em: 8 nov. 2023.*

FRATERNIDADE DAS NOVAS COMUNIDADES DO BRASIL. **Novas comunidades:** primavera da Igreja. São Paulo: Editora Canção Nova, 2008.

GALVÃO, Eduardo. **Santos e Visagens**: um estudo da vida religiosa de Itá, Baixo Amazonas. São Paulo: Nacional, 1955.

GEERTZ, Clifford, 1926. **A interpretação das culturas** / Clifford Geertz. - 1. ed., IS. reimpr. - Rio de Janeiro: LTC, 2008. 323p.

GEERTZ, Clifford. A religião como sistema cultural. *In:* **A interpretação das culturas**, Rio, Zahar Editores, 1978.

GUERRA, Danilo Dourado. **Do Além para o mundo: Perspectivas sobre mobilidade religiosa no Brasil da pós-modernidade**. Fragmentos de Cultura, Goiânia, v. 24, n. 1, p. 115-123, jan./mar. 2014. Disponível em: https://pdfslide.tips/documents/ do-alem-para-o-mundo-perspectivas-sobre-religiosa-no-brasil-da-pos-modernidade.html. Acesso em: set. 2022.

HERVIEU-LÉGER, Danielle. **O Peregrino e o Convertido:** a religião em movimento. Tradução de João Batista Kreuch. 2. ed. Petrópolis: Vozes, 2015.

HOBSBAWN, Erick.; RANGER, Terence. **A Invenção das Tradições**. Tradução de Celina Cardim Cavalcante. 6. ed. Rio de Janeiro: Paz na Terra, 1997.

HOLANDA, Edilson Peres; SILVA, Josué da Costa. **A espacialização do catolicismo popular na Amazônia Ocidental**. XIII Enanpege. A geografia brasileira na ciência mundo: produção, circulação e apropriação do conhecimento. 2019. Disponível em: \ Segundo CapÃtulo\1562822399_ARQUIVO_AESPACIALIZACAODOCATOLICIS-MOPOPULARNAAMAZONIAOCIDENTAL_EDILSON.pdf. Acesso em: 7 nov. 2023.

IBGE. Instituto Brasileiro de Geografia e Estatística. **Cidades e Estados – Manaus**. IBGE, 2021. Disponível em: https://www.ibge.gov.br/cidades-e-estados/am/manaus. html. Acesso em: 20 set. 2023.

IMPLURB. **Bairros de Manaus**. Prefeitura de Manaus, 2010. Disponível em: https://implurb.manaus.am.gov.br/bairros-de-manaus/. Acesso em: 20 set. 2023.

JOÃO PAULO II, Papa. **Vita consecrata**. São Paulo: Paulinas, 1996.

OLIVEIRA JUNIOR, Antonio Otaviano. Migração Açoriana na Amazônia: conexões entre Ilha Graciosa, Lisboa e Grão-Pará (1751-1754). **Revista Territórios e Fronteiras**, Cuiabá, v. 10, n. 2, ago./dez. 2017. Disponível em: https://www.researchgate.net/publication/322088245_Migracao_Acoriana_na_Amazonia_conexoes_entre_Ilha_Graciosa_Lisboa_e_Grao-Para_1751-1754. Acesso em: 25 set. 2022.

LARAIA, Roque de Barros, 1932. **Cultura: um conceito antropológico**. Rio de Janeiro: Zahar, 1986.

LEININGER, M. **Qualitative research methods in nursing Orlando: Grune & Stratton**, 1985. cap. 3, p. 33-71: Ethnography and ethnonursing models and modes of qualitative dada analysis.

LEAL, J. **As Festas do Espírito Santo nos Açores:** um estudo de Antropologia Social. 1. ed. Lisboa: Publicações Dom Quixote, 1994. (Coleção Portugal de Perto, 29)

LEAL, J. **O culto do divino:** migrações e transformações. Lisboa: Edições 70, 2017.

LUMEN GENTIUM. **A Santa Sé.** [2022]. Disponível em: https://www.vatican.va/archive/hist_councils/ii_vatican_council/documents/vat-ii_const_19641121_lumen--gentium_po.html. Acesso em: set. 2022.

MACHADO, S. C. S. A Festa do Divino, nos dois lados do Atlântico. **Revista Tempo Amazônico,** v. 1, n. 2, p. 34-49, jan./jun. 2014. Disponível em: http://www.snh2011.anpuh.org/resources/download/1415135900_ARQUIVO_FESTADODIVINO.pdf. Acesso em: 25 set. 2022.

MAGNANI, José Guilherme Cantor. **Religião e metrópole**. Religiões e cidades: Rio de Janeiro e São Paulo. Tradução. São Paulo: Terceiro Nome, 2009.

MANAUS. **Cidade – História**. Prefeitura de Manaus. Disponível em: https://www.manaus.am.gov.br/cidade/historia/. Acesso em: 20 set. 2023.

MARIANO, F. P.; AMBROZIAK, R. S. Trajetórias e transformações transatlânticas da Festa do Divino Espírito Santo nas Américas. **Revista Brasileira de História das Religiões**, ANPUH, ano XIV, n. 41, p. 71-96, set./dez. 2021. Disponível em: https://ixtheo.de/Record/1801698201. Acesso em: 25 set. 2023.

MATTOS, CLG. **A abordagem etnográfica na investigação científica**. *In:* MATTOS, C. L. G.; CASTRO, P. A. (org.). Etnografia e educação: conceitos e usos [on-line]. Campina Grande: EDUEPB, 2011. p. 49-83. Disponível em: https://books.scielo.org/id/8fcfr/pdf/mattos-9788578791902-03.pdf. Acesso em: maio 2023.

MAUÉS, R. H. Outra Amazônia: Os Santos e o Catolicismo Popular. **Revista Norte Ciência**, v. 2, n. 1, p. 1-26, 2011. Disponível em: https://www.academia.edu/3015220/Outra_Amaz%C3%B4nia_os_santos_eo_catolicismo_popular. Acesso em: out. 2022.

MAUÉS, R. H. **Padres, Pajés, Santos e Festas:** Catolicismo Popular e Controle Eclesiástico. Um estudo antropológico numa área do interior da Amazônia. Belém: Cejup, 1995.

MAUÉS, R. H. Um aspecto da diversidade cultural do caboclo amazônico: a religião. **Estudos Avançados**, v. 19 n. 53, p. 259-272, 2005. Disponível em: https://www.revistas.usp.br/eav/article/view/10058. Acesso: maio 2023.

MAUSS, Marcel. Ensaio sobre a dádiva. Forma e razão da troca nas sociedades arcaicas. *In:* MAUSS, M. **Sociologia e Antropologia**. São Paulo: Cosac Naify, 2003.

MEDINA, J. M. M. **O Ciclo do Espírito Santo**. Açores: Nova Gráfica, 2007.

MONTEIRO, Mario. Ypiranga. **Cultos e Santos; festas profano religiosas**. Manaus: Imprensa Oficial, 1983.

MONTES, Maria Lucia. **As figuras do sagrado: entre o público e o privado na religiosidade brasileira** / Maria Lucia Montes. – 1ªed. – São Paulo: Claro Enigma, 2012.

RAMOS, Denise G. A grande mãe brasileira. *In:* **Aparecida**: 300 anos de fé e devoção. Academia Marial de Aparecida – Aparecida, SP: Editora Santuário, 2017.

REIS, Arthur Cezar Ferreira. **A expansão portuguesa na Amazônia nos séculos XVII e XVIII**. Rio de Janeiro: SPVEA, 1959.

SARAIVA, A. L.; SILVA, J. C. Espacialidade das festas religiosas em comunidades ribeirinhas de Porto Velho, Rondônia. **Espaço e Cultura**, Rio de Janeiro, n. 24, p. 7-18, 2008. Disponível em: https://www.e-publicacoes.uerj.br/index.php/espacoecultura/article/viewArticle/3570. Acesso em: 20 set. 2022.

SEGOVIA HERRERA, M. Risco e segurança do trabalho desde o ponto de vista de um grupo de trabalhadores de uma agência de distribuição de energia elétrica. ENCONTRO INTERAMERICANO DE PESQUISA QUALITATIVA EM ENFERMAGEM, I. Escola de Enfermagem da Universidade de São Paulo/Departamento de Enfermagem da Universidade Federal de Santa Catarina, 1988. **Anais** [...]. São Paulo, 1988. p. 63-69.

SILVA, E. F. Novas Comunidades: a retomada "carismática" da tradição católica?. **Conhecer: Debate entre o Público e o Privado**, v. 10, n. 25, p. 35-57, 2020. Disponível em: https://revistas.uece.br/index.php/revistaconhecer/article/view/2062. Acesso em: set. 2022.

SIMMEL, Georg. A metrópole e a vida mental. *In:* VELHO, O. G. (org.). **O fenômeno urbano**. Rio de Janeiro: Zahar Editores, 1967. p. 13-28.

SIMMEL, Georg. A sociabilidade (exemplo de sociologia pura ou formal). *In:* SIMMEL, G. **Questões fundamentais de sociologia**. Rio de Janeiro: Jorge Zahar Editor, 2006. p. 59- 82.

SOUZA, C. F. B. **O catolicismo entre a tradição e a reinvenção: novas comunidades, leigos consagrados e vida eremítica na Arquidiocese de Belo Horizonte**. Belo Horizonte, v. 17, n. 53, p. 1217-1248, maio/ago. 2019. Disponível em: https://www.researchgate.net/publication/340012647_O_catolicismo_entre_a_tradicao_e_a_reinvencao_novas_comunidades_leigos_consagrados_e_vida_eremitica_na_Arquidiocese_de_Belo_Horizonte. Acesso em: 25 set. 2022.

SOUZA, R. L. **Festas, procissões, romarias, milagres**: aspectos do catolicismo popular. Natal: IFRN, 2013.

TIAGO, Carlos. **Petrópolis**. Manaus: Edições Muiaraquitã, 2010. 51p. (Série: Coleção Prêmios dos Bairros)

TOCANTINS. Leandro. **O rio comanda a vida – uma interpretação da Amazônia**. 10 ed. – Manaus: Editora Valer, 2021.

TYLOR, Edward Burnett. **A Ciência da Cultura**. Editora Schwarcz - Companhia das Letras, 2014.

URQUHART, G. **A Armada do Papa:** os segredos e o poder das novas seitas na Igreja Católica. Rio de Janeiro: Record, 2002.

VILAÇA, Helena. A religião na cidade: territórios, materialidades e comunicação. **Sociologia: Revista da Faculdade de Letras da Universidade do Porto**, Número Temático - Processos sociais e questões sociológicas, p. 12-27, 2017. Disponível em: https://ler.letras.up.pt/uploads/ficheiros/15696.pdf. Acesso: set. 2022.

WEBER, Max. (1921). **Economia e Sociedade. Fundamentos da sociologia compreensiva**. Brasília: Ed. UNB, 1991.

WEBER, Max. **Sociologia das Religiões.** Tradução de Cláudio J. A Rodrigues. 2. ed. São Paulo: Ícone, 2015. (Coleção fundamentos da filosofia)

WIRTH, Louis. **Urbanism as a Way of Life.** American Journal of Sociology, Vol. 44, 1, pp 1-24, 1938.